社交礼仪 教程与实务

SHEJIAO LIYI

JIAOCHENG YU SHIWU

主　编　赵　岩　张淑华
副主编　吴黎梅　稽丽丽　孙　燕
编　委　李　斯　尹二超　朱锦春
　　　　黄洁茹　张馨予
主　审　张　璇

南京大学出版社

序

　　《社交礼仪教程与实务》即将出版了，我十分高兴。顾名思义，这是一本关于社交礼仪的教材，而且是一本值得向全社会推介的好教材。

　　我从1977年开始面向社会演讲已38年，从1982年走出国门，到北美、欧洲演讲，已33载。在长期从事教育艺术演讲事业的同时，我也为高校教师讲礼仪课。中央领导让我当"巡回大使"之初，曾将我们这些"巡回大使"集中到中南海，请外交部的领导给我们介绍出国访问的经验，还专门为我们介绍了各国的风土人情以及社交礼仪，使我从中获益颇多。后来在国内经常被邀请讲礼仪课，为此，我曾想如果有一本系统的礼仪教材该多好啊！

　　我在国内外演讲的旅途中，也曾见到过一些外国朋友写的礼仪书，这些书主要是介绍西方礼仪常识的。后来金正昆先生、杨莊老师等人分别编写了一些关于礼仪的书。

　　近来，赵岩、吴黎梅等同志在礼仪课教学实践的基础上集思广益，编写了这本《社交礼仪教程与实务》。书中从实际需要出发，讲了礼仪的"器"和"术"，讲了具体的方式方法、注意事项，也讲了礼仪之邦的重礼仪的"魂"与"道"，介绍了中国自古以来的重礼仪的理论。这是一本"魂""道""器""术"相结合的好书，是值得向大家推介的培训教材，而且是一本切实可行、行必有效的好教材。

　　赵岩等同志请我写序，我想讲如下一些感想。

　　记得30年前，在中南海研究出国演讲的礼仪时，一位同志送给我一副对联，引的是《红楼梦》第一回中的两句话：

　　　　世事洞明皆学问，

　　　　人情练达即文章。

　　同志们讲，礼仪是学问，也是文章，回顾中华民族，伏羲氏画八卦、正婚嫁、建历法，均可视为中华民族的礼仪萌芽。咱们的祖先，从社会的人际关系出发，十分重视仁、义、礼、智、信，礼被视

李燕杰：我国杰出的演讲家、著名教育艺术家，被誉为爱与美的化身、点燃心灵之火的人。

为五常之一；后来在设置官位时，又设了吏、户、礼、工、刑、兵六部；在研究读经时，又强调读《诗》《书》《礼》《易》《乐》《春秋》；后来科举考试，所考四书中，除《论语》《孟子》外的《大学》《中庸》均出自《礼记》。由此可见，中华民族自古以来就十分重视礼与礼仪教育。几千年来，伴随时代的发展，各种礼仪逐渐形成，不仅与时俱进，而且与时俱变。特别是在世界各民族交流中，各种礼仪使人们能够美人之美，美美与共，有利于人类的和平、和谐、和美！

《社交礼仪教程与实务》的出版，必将提高广大青年的基本素质，进而使全社会形成人人重礼的可喜局面。古人曾经说过，"不学诗，无以言；不学礼，无以立"；"礼义廉耻，国之四维，四维不张，国乃灭亡"；"礼尚往来，往而不来，非礼也；来而不往，亦非礼也"。

希望社会人人重礼，青年人人学礼，从事教育工作的仁人志士把礼仪教育视为"礼仪教育艺术"，不断提高教育者的学术水平，以增强对学生的吸引力、感召力、感动力。希望每堂礼仪课都能使受众受益，师生间教学相长，使受教育者的学习成为美的享受，教育者本人在教育中也形成美的享受，在美的享受中内强素质、外塑形象。

著名教育艺术演讲家李燕杰先生为本书主编所在的"江苏开放大学社交礼仪课程团队"题词。鼓励教师把礼仪教学视为礼仪教育艺术，传播礼仪文化，使受教育者的学习成为美的享受，教育者本人在教育中自我完善，达到"真、善、美、慧"。

前 言

人类历史现在已经进入了公元后的第三个千年了，在中华大地上生存着我们这个伟大的民族，之所以伟大，就是因为我们有着几千年的文明史，有着几千年的灿烂文化。

中国是千年文明古国，中国的文明是什么文明呢？中国是千年文化古国，中国的文化是什么文化呢？中国是千年礼仪之邦，我们行什么礼呢？

这些是我们每一位中国人必须要面对的问题，必须要回答的问题，因为我们要继承和发扬中华民族的伟大精神，继承和发扬中华民族的传统美德，使中华传统美德在新时期闪耀出时代的光芒。

我们是千年文明古国，我们的文明是什么文明呢？

汉语"文明"一词，最早出自《易经》，曰："见龙在田，天下文明"。在现代汉语中，文明指一种社会进步状态，与"野蛮"一词相对立。文明的古希腊语是城邦（city）。英文中的文明（civilization）一词源于拉丁文"civis"，意思是城市的居民聚在一起产生城市的这种生活方式。对于文明出现的判定标准，主要是城市的出现、文字的产生、国家制度的建立。

文明又指人类所创造的财富总和，也指社会发展到较高阶段表现出来的状态（特指精神财富，如文学、艺术、教育、科学等）。

我们的文明是农耕文明。回望历史，农耕历程恰如一部厚重磅礴的歌诀从远古吟咏而来。这是祖祖辈辈在一片土地上长年累月的劳作所形成的生活方式。

农耕文明是人类社会走向现代文明的基础，是人类摆脱纯粹依赖自然，走向以自己意愿生活的起点，同时也是通向现代文明的桥梁，其内涵是应时、取宜、传统、和谐。

很久以来，中国基本是个以农业为主的社会。农耕文明就是中国传统社会的主流文化。中国对世界最大的贡献，是农耕文明时代产生的基本思想。今天我们正在转向新的文明。这个新的文明就是中国千年文明与世界人类文明共融的时代文明。我们追逐世界文明的步伐，进入了工业文明时代。工业文明极大地满足了社会日益高涨的物质需要。人类在工业文明时代除了追求丰富的物质生活之外，还需要什么？ 人类需要精神家园！文明必先文明其人其族，其次文明其国。

文明社会并非由几个文明的先驱者建立起来，而是在绝大部分的人都认同该文明的内涵并按照该文明的准则行事后，才能建立起来的。文明社会体现于社会中每一个人的行为之中。

文明属于全人类。先进的民族、国家和文明一定是共进的、共享的，不能割断民族和国家、文明的联系，这一点对中华民族、中国和中华文明来说尤为重要。

我们是千年文化古国，我们的文化是什么文化呢？ 我们的宗教、哲学、语言、服饰、饮食，是怎样表示着中华文化的？ 怎样从一些现象判断你是一个中国人？

我们要发展，就要继承自己的优秀文化传统，取其精华；在学习外国民族文化时，同样要吸收优秀的文化，去其糟粕。在世界四大文化体系中，中国文化被认为是唯一没有中断的文化体系。中国文化之所以没有中断，其中最重要的原因就是中国文化的包容性。正是这种包容性，维系了中国文化脉络绵延不绝，成全了大国格局和大国风范，它所哺育出来的民族精神维系了我们民族生生不息的文化传统。我们是千年文化古国，我们中国的文化，从来都是吸收外来文化而发展繁荣起来的。所以，从这个意义上来说，中华文化是包容性文化——也就是"和"的文化。同样，千年礼仪之邦的礼仪也是在与世界各族人民的共融中不断变化与发展的。

中国是千年礼仪之邦，我们行什么礼呢？行恭敬礼！

礼仪就是敬。敬是礼仪的要求，是儒家行为准则的根本纲领。

东汉经学大师郑玄解释说："礼主于敬"，认为所有的礼是以敬为主的。唐人孔颖达进一步申述郑玄的解释："人君行礼，无有不敬，行五礼，皆须敬也。"由此，人们确立治国之道的根本在于礼，而礼最主要的就在于敬。礼主于敬，无敬，则不成礼。所谓"敬"，就是使自己内心之中对任何事情都要一丝不苟，待人接物都要谦让，以防误己误人。人君行礼，不能没有敬意，无论对吉礼、凶礼、宾礼、军礼、嘉礼五种礼仪中的哪一种礼仪，都要先存有敬意。

儒家倡导的"敬"，是中国式人文精神的体现。它有丰富的内涵，却无边界；它可以扩展到无限的空间，充盈于你的人生、事业，乃至万事万物。如果你心中有了一个"敬"字，你的面貌就会焕然一新。处事以诚，待人以敬——君子以爱敬存于心。"礼是为了表达真诚的情感"，"诚是儒家文化中最重要的范畴之一"。孟子曰："诚者，天之道也；思诚者，人之道也。"诚是自然而然的道理，追求诚是做人的道理。

《礼记》开头第一句就是"毋不敬"，对长辈、对同事不要有不敬之心。"礼主敬"，敬是礼的实践的核心心态，是立人、立国之基。敬是仁爱的表现，"君子以仁存心，以礼存心"，"君子自谦而敬人"，"仁者爱人，有礼者敬人。爱人者，人恒爱之；敬人者，人恒敬之"。

礼是人区别于动物的显著标志——人类学家回答人与动物的区别时说："人有序，有理性"，而礼就是有理、有序。

"鹦鹉能言，不离飞鸟；猩猩能言，不离禽兽。今人而无礼，虽能言，不亦禽兽之心乎？夫唯禽兽无礼，故父子聚麀，是故圣人作，为礼以教人，使人以有礼，知自别于禽兽。"（《礼记·曲礼》）

孟子曰："人之所以异于禽兽者几希"。人和禽兽其实只有一线之隔，礼正是人之异于禽兽的关键之处。

几千年来，人类不仅经历了从猿人、直立人、智人到现代人的艰难转变，而且也步履蹒跚地从蒙昧、野蛮走向了文明。在这洪古蛮荒的暗暗长夜中，人类用血与肉、智慧与力量、劳动与创造开拓着自己的历史进程，谱写着伟大而不朽的历史篇章。

凡是进化到文明阶段的民族都有礼仪，礼仪是一切文明民族的主要标志之一。

一切文明民族都有自身礼仪并源远流长。世界文化的格局从来就是多元的，不同的民族各有其独具特色的地域文化，它们各有千秋，它们的个性理应得到尊重。正是由于世界文化的多样性，人们的礼仪呈现出多姿多彩、缤纷灿烂的景象。中华民族的传统礼仪体现了我们中华民族的核心价值。

中国古代的贤哲，把道德理念分解为各种形式的礼，比如孝敬父母、尊敬师长、恭敬谦让、文雅相待等都是通过礼体现的。中国人讲礼义廉耻，认为人应该懂得尊重与谦让，要懂礼、讲礼。

明人颜元说："国尚礼则国昌，家尚礼则家大，身有礼则身修，心有礼则心泰。"国学大师钱穆先生说：中国的核心思想就是礼。没有礼就没有道德。

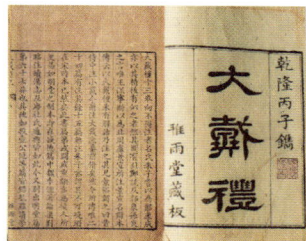

《礼记》，是中国古代一部重要的典章制度书籍。该书的两位著名编纂者是西汉礼学家戴德和他的侄子戴圣。戴德选编的八十五篇本叫《大戴礼记》，在后来的流传过程中若断若续，到唐代只剩下了三十九篇。戴圣选编的四十九篇本叫《小戴礼记》，即我们今天见到的《礼记》。

钱穆（1895~1990）：江苏无锡人，字宾四，我国著名国学家、历史学家。

我们这个民族经过了五千年的发展，中国文化经过了五千年的沉淀，凝聚形成了文化的核心——"礼"。礼仪是什么？钱穆说："中华是礼仪之邦，礼是中华传统文化的核心。"

礼仪就是文化，它代表了一个民族、一个国家的基本形象。礼仪是一个国家、一个民族最表层、最直观的文化，它往往反映着一个国家最重要、最根本的软实力。

什么是民族？民族是有共同语言、共同地域、共同生活，表现于共同文化的稳定的共同体。民族文化又可以分为物质文化、制度文化、精神文化三个方面。物质文化是人类为生活创造的物质，是一种显性文化；制度文化是生活习惯、家庭传统、社会制度；精神文化是思维方式、宗教信仰、审美情趣、文学欣赏、行为规范、社会风俗、哲学艺术和政治等。

悠远岁月中形成的任何民族都是文化的民族。文化是人们彼此间相互认同和凝聚的核心，也是区分民族的标志。丧失了文化特征，就丧失了"我之所以为我"的根据，也就丧失了存在于世界民族之林的理由。

因此，我们要求同存异，不能用抬高某种文化、排斥其他文化的办法来消灭文化差异。不同文化的和谐共处，有利于互相学习、互相借鉴和整体提升。各民族人民在创造自己独特的本位文化的同时，也是在为世界文化作贡献。只有民族的，才是世界的！

所有的文化都具有它的民族性——没有民族载体的文化是没有生命的文化，没有民族载体的文化是没有意义的文化。为何中华民族至今能继续存在与发展？其中一个最重要的原因，就是以汉民族文化为主体的中华文化具有巨大的主体性、坚韧性、包容性和同化力，它是一种具有极高极强普世性的优秀文化。

文化很重要。一个国家，可能是经济大国、政治大国、军事大国，但未必是一个文化大国；一个建设了这个强大国家的民族未必是一个有尊严、有魅力的伟大的民族。文化是决定我们能否成为一个伟大的民族，能否建设一个伟大的国家的最根本的、最内在的因素。

中华文化是伟大的文化，中华文化就是中华民族的根本，是我们的命根子。什么是礼仪？礼仪就是仁。仁是礼仪的核心，是儒家道德规范的最高原则。孔子认为"仁者人也"，把"仁"当作人的最高本质特征，成功地创造了理想社会的信仰体系。这一信仰体系甚至影响至今。

学者易中天也说："墨家的平等、互利、兼爱，道家的真实、自由、宽容，法家的公开、公平、公正，儒家的仁爱、正义、自强……所有这些加起来，就是我们民族宝贵的思想文化遗产。一旦我们对这些宝贵的思想文化遗产进行抽象继承，并且和我们当下的社会生活进行链接，我们就会发现全人类的一个共同理想：和谐。"

和谐讲的是"仁"，仁政、仁爱。礼仪就是仁，"仁"是支撑人之所以为人的根本。"己所不欲，勿施于人。"——这是儒家代表中华民族向全世界、向全人类发出的爱的呼唤。我们要回应这个呼唤，实践这个呼唤，这就是仁。面对我们民族的伟大思想家，我们应该是心怀崇敬的。我们告诉前辈，我们将无愧于自己的祖先。

"非礼勿视，非礼勿听，非礼勿言，非礼勿动。"我们应该展示合乎礼仪的形象，展示合乎形象的礼仪。

我们该怎么做？

中国被世人称为"文明古国，礼仪之邦"，因为中国的礼仪从制度层面、修养层面都有非常系统的、深刻的体系。

礼仪是一个民族最具表征性的东西。我们识别一个民族，主要看礼。《礼记》中说："行修言道，礼之质也。"这句话强调的就是，礼的本质在于言和行都要符合道。这个道我们理解为原则，学习礼仪要把握以下几个原则：

第一，遵守规范。在交际应酬之中，每一位参与者都必须自觉、自愿地遵守礼仪，以礼仪去规范自己在交际活动中的一言一行，一举一动。对于礼仪，不仅要学习、了解，更重要的是学了就要用，要将其付诸个人的社交实践。任何人，不论身份高低、职位大小、财富多寡，都有自觉遵守、应用礼仪的义务，否则，就会受到公众的指责，交际就难以成功：这就是遵守的原则。没有这一条，就谈不上礼仪的应用、推广。

第二，平等相处。在具体运用礼仪时，允许因人而异，根据不同的交往对象采取不同的具体方法。但是，与此同时必须强调指出：在礼仪的核心点，即尊重交往对象、以礼相待这一点上，对任何交往对象都必须一视同仁，给予同等程度的礼遇；不允许因为交往对象彼此间在年龄、性别、种族、文化、职业、身份、地位、财富以及与自己的关系亲疏远近等方面有所不同，就厚此薄彼，区别对待，给予不同待遇。这便是社交礼仪中平等原则的基本要求。

第三，尊敬他人。孔子曾经对礼仪的核心思想有过一次高度地概括，他说："礼者，敬人也。"所谓敬人的原则，就是要求人们在交际活动中，与交往对象既要互谦互让，互尊互敬，友好相待，和睦共处，又要将对交往对象的重视、恭敬、友好放在第一位。在礼仪的两大构成部分中，有关对待他人的做法这一部分，比对待个人的要求更为重要，这一部分实际上是礼仪的重点与核心。而对待他人的诸多做法之中最要紧的一条，就是要敬人之心常存，处处不可失敬于人，不可伤害他人的个人尊严，更不能侮辱对方的人格。掌握了这一点，就等于掌握了礼仪的灵魂。在人际交往中，只要不失敬人之意，哪怕具体做法一时失当，也不能算是失礼。

第四，真心实意。礼仪上所讲的真诚的原则，就是要求在人际交往中运用礼仪时，务必待人以诚，诚心诚意，诚实无欺，言行一致，表里如一。只有如此，自己在运用礼仪时所表达的对交往对象的尊敬与友好，才会更好地被对方所理解、所接受。与此相反，倘若仅把运用礼仪作为一种道具和伪装，在具体操作礼仪规范时口是心非，言行不一，弄虚作假，投机取巧，或是当时一个样，事后一个样，有求于人时一个样、被人所求时另外一个样，则有悖于礼仪的基本宗旨。将礼仪等同于"厚黑学"，肯定是行不通的。

第五，宽以待人。宽容的原则是指人们在交际活动中运用礼仪时，既要严于律己，更要宽以待人。要多容忍他人，多体谅他人，多理解他人，而千万不要求全责备，斤斤计较，过分苛求，咄咄逼人。在人际交往中，要容许其他人有个人行动和独立进行自我判断的自由。对不同于己、不同于众的行为耐心容忍，不必要求其他人处处效法自身，与自己完全保持一致，实际上也是尊重对方的一个主要表现。

第六，自省自律。从总体上来看，礼仪规范由对待自我的要求与对待他人的做法两大部分所构成。对待自我的要求，是礼仪的基础和出发点。学习、应用礼仪，最重要的就是要自我要求、自我约束、自我控制、自我对照、自我反省、自我检点，这就是所谓自律的原则。古语云："己所不欲，勿施于人。"倘若一个人不是首先对自己严格要求，而是人前人后不一样，只求律人，不求律己，不讲慎独与克己，遵守礼仪就无从谈起，就是一种蒙骗他人的大话、假话、空话。

第七，入乡随俗。由于国情、民族、文化背景的不同，在人际交往中，实际上存在着"十里不同风，百里不同俗"的局面。对这一客观现实要有正确的认识，不要自高自大，唯我独尊，以我画线，简单否定其他人不同于己的做法。必要之时，必须坚持入乡随俗，与绝大多数人的习惯做法保持一致，切勿目中无人、自以为是、指手画脚、随意批评、否定其他人的习惯性做法。遵守从俗的原则的这些规定，会使人们对礼仪的应用更加得心应手，更加有助于人际交往。

第八，适度得体。适度原则的含义，是要求应用礼仪时，为了保证取得成效，必须注意技巧，合乎规范，特别要注意做到把握分寸，认真得体。这是因为凡事过犹不及，运用礼仪时，假如做得过了头，或者做得不到位，都不能正确地表达自己的自律、敬人之意。当然，运用礼仪要真正做到恰到好处，恰如其分，只有勤学多练，积极实践，此外别无他途。学习礼仪立足于这些原则才能达到礼由心生、知行合一的境界，否则流于形式，只注重表面文章，我们就不能实现通过"礼"的教育来提升我们内在素质的这一终极目标。

"一个民族要有一些经常仰望星空的人，他们才有希望；一个民族只是关心脚下的事情，那是没有未来的。我们的民族是大有希望的民族！"

那么我们应该为自己的民族做些什么呢？

多年来，赵岩、张淑华等老师以全身心的精力和智慧使礼仪之花开遍大地。在这伟大的时代，她们用礼仪呼唤着中华文明，用多年礼仪教学经验编写了这本《社交礼仪教程与实务》。本书是在对高素质人才培养模式和开放教育素质课程内容体系改革进行充分调查研究和论证的基础上，根据当代的礼仪学习需求与现状，充分吸取专家意见和众多院校在探索培养高素质人才方面取得的成功经验和教学成果编写而成的。本书在内容选择、体系安排和教学方法上按照专业能力培养的需要进行了探索。

本书的主要特点有：

第一，力求实用性与可操作性。在编写过程中，力求实用性，使本教材能较好地指导实践操作，使得"实务"课程真正体现"务实性"。

第二，以教学研究为先导。本书以礼仪教学研究成果为基础，体现了开放教育理念和教学方法，内容选择、知识层次、结构安排更加符合素质教育的需求。

第三，落实能力培养的思想，同时满足课程的要求。本书不仅关注知识点的讲授，还凸显能力培养的要求。

第四，礼仪的规范形式与本质内容并重，本质体现于各种规范之中。礼仪的规范固然是本教材的编写重点，但这种规范仅仅是外在的形式，而礼的敬重、关爱的本质更重要。完美的礼仪应是发自内心的对他人敬重和关爱的外在显现。只有将本质内容与规范形式完美结合在一起，礼仪才能真正发挥其作用。

我们不能回到过去，不能把过去的礼仪规范不加筛选地拿到今天来，对国外的文明与文化也不能简单照抄照搬，因为思想无法克隆，历史不能假设。也就是说，我们今天所做的是用前人所吸收与继承的古今中外之精华，来创造我们今天的中华文化，衍化出今天能与全人类交往适用的礼仪行为。

杨莛

目　录

序 ………………………………………………………………… 1

前言 ……………………………………………………………… 1

第一篇　走进礼仪 …………………………………………… 1

任务 1　礼仪文化源远流长 …………………………………… 3

任务 2　心中有德礼自辉 ……………………………………… 8

第二篇　个人礼仪 …………………………………………… 17

任务 3　做第一眼魅力达人 …………………………………… 19

任务 4　仪表之中见修养 ……………………………………… 25

任务 5　行为是心灵的外衣 …………………………………… 33

任务 6　良言一句三冬暖 ……………………………………… 41

第三篇　交际礼仪 …………………………………………… 51

任务 7　认识您从介绍开始 …………………………………… 53

任务 8　敬意从掌心涌出 ……………………………………… 56

任务 9　了解您从名片开始 …………………………………… 60

任务 10　好印象因拜访而深刻 ……………………………… 64

任务 11　宾至如归的接待 …………………………………… 68

任务 12　礼物代表我的心 …………………………………… 71

第四篇　生活礼仪 …………………………………………… 79

任务 13　家和万事兴 ………………………………………… 81

任务 14　让出行变得更愉快 ………………………………… 87

任务 15　美德是一种和谐和秩序 …………………………… 93

任务 16　"俗"眼看世界 …………………………………… 100

第五篇　职场礼仪 ·· 109

任务 17　自我推销的艺术 ······································ 111

任务 18　开会有礼 ·· 119

任务 19　良好沟通是成功开始 ································· 127

任务 20　轻轻一剪有规矩 ······································ 132

任务 21　缔结合作契约 ··· 137

第六篇　现代通联礼仪 ·· 147

任务 22　电话沟通是有表情的 ································· 149

任务 23　网络通联有礼有节 ···································· 154

第七篇　餐饮礼仪 ·· 163

任务 24　舌尖上的礼仪比佳肴更开胃 ························ 165

任务 25　烛光中的西餐格调 ···································· 173

任务 26　自助餐细节彰显素养 ································· 181

参考文献 ··· 189

后　记 ··· 191

第一篇　走进礼仪

礼仪是一首古老而年轻的诗，"飘散着舒人而温馨的国风"，吟唱着中华五千年传统文化源远流长。荀子曰："人无礼则不生，事无礼则不成，国家无礼则不宁。"礼仪是一种力量，更是文明的标志。礼仪让您懂得尊重，礼仪让您提升修养，本篇包含"什么是礼"与"礼仪的习得"两个任务单元，编者期盼与您一起传承礼仪文化，学礼、习礼，弘扬"真、善、美"。

任务1 礼仪文化源远流长

中国礼仪的起源与发展

礼仪的概念与原则

第一篇 走进礼仪

任务2 心中有德礼自辉

礼仪的功能

礼仪认识的局限性

礼仪的习得

综合训练与评估

【学习目标】

通过本篇的学习能够：

1. 了解礼的起源和发展；

2. 感悟礼仪文化的博大精深；

3. 通过讨论体会传承礼仪文化的重要性；

4. 逐步由知礼懂礼到自觉习礼。

■ 任务1 礼仪文化源远流长

任务引擎

王国维在《观堂集林》中指出甲骨文"豊"字象二玉在器之型，古者行礼以玉，故《说文》曰："豊，行礼之器，其说古矣"(《观堂集林》6卷14页)……试从"礼"字的"礼"字的构成与变迁谈礼仪的起源。

通过本任务的学习，了解礼的起源、核心与涵义；掌握礼仪的概念与原则，在学习中感悟礼仪文化，在习礼中传承礼仪文化。

知书达"礼"

原始社会人们把无法解释的自然现象归于神的主宰，为求风调雨顺，他们敬"天"、祭"神"，期盼"以通神明之德，合天地之和焉"。这就是最初的礼仪活动。我国早有"礼立于敬而源于祭"的说法，从某种意义上，早期礼仪既包含原始社会人类生活的若干准则，又是原始社会宗教信仰的产物。从"礼"字造字法上也可以看出礼仪起源于祭祀活动。许慎在《说文解字》中解释："豊，行礼之器也，从豆，象形，读与礼同"；"礼，履也，所以事神致福也。"

中国是礼仪之邦，上下五千年，从荀子的"国（家）无礼则（而）不宁"到今天的精神文明建设，礼仪一直是传统文化的核心。礼仪伴随着人的活动，伴随着原始宗教而产生发展。礼仪的形成和发展，经历了一个从无到有、从低级到高级、从零散到完整的渐进过程。

一、中国礼仪的起源与发展

时间	描述
萌芽时期（公元前5万年～公元前1万年）	礼仪起源于原始社会时期，在长达100多万年的原始社会历史中，人类逐渐进化。在原始社会中晚期（约旧石器时期））现了早期礼仪的萌芽。
草创时期（公元前1万年～公元前22世纪）	公元前1万年左右，人类进入新石器时期，不仅能制作精细的磨光石器，并且开始从事农耕和畜牧。在其后数千年岁月里，原始礼仪渐具雏形。
形成时期（公元前21世纪～公元前771年）	夏、商、西周三代是礼仪的形成时期。 夏朝是我国最早的奴隶制国家，统治阶级为了巩固自己的统治地位把原始的宗教礼仪发展成符合奴隶社会政治需要的礼制，并且在商、西周得到全面的发展。古代的礼仪典籍亦多撰修于这一时期，如周代的《周礼》《仪礼》《礼记》就是我国最早的礼仪学专著。它们被称为礼经，一直是国家制定礼仪制度的经典著作。
发展、变革时期（公元前770年～公元前221年）	公元前770年，东周王朝已无力全面恪守传统礼制，出现了所谓"礼崩乐坏"的局面。春秋战国时期，我国奴隶社会向封建社会转型，在此期间相继涌现出孔子、孟子、荀子等思想巨人，发展和革新了礼仪理论。 孔子认为，"不学礼，无以立"（《论语·季氏》））要求人们用道德规范约束行为，"非礼勿视，非礼勿听，非礼勿言，非礼勿动"（《论语·颜渊》））倡导"仁者爱人"，强调人与人之间彼此尊重，较系统地阐述了礼及礼仪的本质与功能。 孟子把孔子的"仁学"思想加以发展，提出了"王道"、"仁政"的学说和"民贵君轻"说。在道德修养方面讲究"修身"和培养"浩然之气"等。 荀子是战国末期的大思想家，主张"隆礼"、"重法"，提倡礼法并重。指出："礼之于正国家也，如权衡之于轻重也，如绳墨之于曲直也。故人无礼不生，事无礼不成，国家无礼不宁。"（《荀子·大略》）。主张："礼者，贵贱有等，长幼有差，贫富轻重皆有称者矣。"（《荀子·富国》）荀子重视客观环境对人性的影响，倡导学而至善。
强化时期（公元前221年～1796年）	公元前221年，秦王嬴政统一中国，秦朝制定的集权制度成为后来延续两千余年的封建体制的基础。西汉初期，叔孙通协助汉高祖刘邦制定了朝礼之仪，发展了礼的仪式和礼节。西汉思想家董仲舒，把封建专制制度的理论系统化，提出"唯天子受命于天，天下受命于天子"的"天人感应"之说（《汉书董仲舒传》）。他把儒家礼仪具体概括为"三纲五常"，"三纲"即"君为臣纲，父为子纲，夫为妻纲"，"五常"即仁、义、礼、智、信。汉武帝刘彻采纳董仲舒"罢黜百家，独尊儒术"的建议，使儒家礼教成为定制。
衰落时期（公元1796～1911年）	清代满族入关后，逐渐接受了汉族的礼制，并且使其复杂化，导致一些礼仪虚浮、烦琐。清代后期，清王朝政权腐败，民不聊生，古代礼仪盛极而衰。而伴随着西学东渐，一些西方礼仪传入中国，北洋新军时期的陆军便采用西方军队的举手礼等，以代替不合时宜的打千礼等。
现代礼仪时期（公元1911～1949年）	1911年末，清王朝土崩瓦解，孙中山先生于1912年1月1日在南京就任中华民国临时大总统，破旧立新，用民权代替君权，用自由、平等取代宗法等级制；普及教育，废除祭孔读经；改易陋俗，剪辫子、禁缠足等，从而正式拉开现代礼仪的帷幕。民国期间，由西方传入中国的握手礼开始流行于上层社会，后逐渐普及民间。20世纪三四十年代，中国共产党领导的苏区、解放区，重视文化教育事业及移风易俗，进而谱写了现代礼仪的新篇章。
当代礼仪时期 1949年至今：礼仪革新阶段（1949～1966）礼仪退化阶段（1966～1976）礼仪复兴阶段（1977年至今）	1949年10月1日，中华人民共和国宣告成立，新中国成立以来，礼仪的发展大致可以分为三个阶段： 1.革新阶段（1949～1966）。此间，摒弃了昔日束缚人们封建礼教，确立了同志式的合作互助关系和男女平等的新型社会关系，而尊老爱幼、讲究信义、以诚待人、先人后己、礼尚往来等中国传统礼仪中的精华，得到继承和发扬。 2.退化阶段（1966～1976）。中国进行了"无产阶级文化大革命"，给礼仪文化带来一场浩劫，优良的传统礼仪，被当作"封资修"扫进垃圾堆。 3.礼仪复兴阶段（1977年至今）。1978年党的十一届三中全会以来，中国的礼仪建设进入了崭新的历史时期。从推行文明礼貌用语到制定市民文明公约；从各行各业礼规制定到奥运会和世博会成功举办，学礼重礼蔚然成风，特别是习总书记提出实现中华民族伟大复兴，继承和发扬中华优秀传统文化和传统美德，更是在华夏大地上兴起礼仪教育的热潮。中国礼仪文化进入全面复兴时期。

二、礼仪的概念与原则

（一）礼仪的概念

礼仪，《辞源》中解释："礼仪，行礼之仪式。"历史学家范文澜在《群经概论》一书中注解道："礼仪合言，皆名为礼，分言之则礼为体，仪为履。体者立国经常之大法，所谓守其国、行其政令、无失其民者是也。履者各官司治事之细目，揖让周旋之节文，凡史官所守之史法，司马所守之司马法，大卜所掌三易之法，与夫妻礼十七篇，皆所谓履。"可见，我国古代社会礼仪的含义是十分广泛的，它是治国、育人、维系社会之根本。

在礼学体系中，礼仪是有形的，存在于社会的一切交往活动中，其基本形式受物质水平、历史传统、文化心态、民族习俗等众多因素的影响。

因此，社交礼仪是指人们在社会交往中形成的，既为人们所认同，又为人们所遵守，以建立和谐关系为目的的各种符合社会交往要求的行为准则和规范的总和。它受历史传统、风俗习惯、宗教信仰、时代潮流等因素影响和制约。

简言之，社交礼仪就是人们在社会交往活动中应共同遵守的行为规范和准则。

从个人修养的角度来看，"礼者，养也"礼仪是一个人内在修养和素质的外在表现；从社会交往角度来看，礼仪是人际交往的艺术、是人际交往中示人以尊重和友好的习惯做法；从传播的角度来看，礼仪是相互沟通的技巧。

（二）礼仪的原则

1. 真诚尊重的原则

苏格拉底曾说："不要靠馈赠来获得一个朋友，你须贡献你诚挚的爱，学习怎样用正当的方法来赢得一个人的心。"可见在与人交往时，真诚尊重是礼仪的首要原则，只有真诚尊重，方能创造和谐愉快的人际关系。

2. 平等适度的原则

在社交场上，礼仪行为总是表现为双方的，这种礼仪施行必须讲究平等的原则。平等是人与人交往时建立情感的基础，是保持良好的人际关系的诀窍。

3. 自信自律的原则

自信的原则是社交场合中一个心理健康的原则，自信是社交场合中一份很可贵的心理素质。

4. 信用宽容的原则

信用即讲究信誉的原则。孔子说："民无信不立，与朋友交，言而有信。"守信是我们中华民族的美德，在社交场合，尤其讲究。

案例与讨论

萧伯纳（1856~1950）是爱尔兰剧作家，1925年获得诺贝尔文学奖。一次他去苏联访问，在莫斯科街头散步时看见一个可爱女孩正独自玩耍，便蹲下来和她一起玩砌房子。临走的时候萧伯纳对小女孩说：回去跟你妈妈说，今天诺贝尔文学奖的得主萧伯纳和你玩得很开心，萧伯纳很喜欢你。他正渴望看到小女孩崇拜的眼神，可没想到的是小女孩抬头学着他的语气说：也请你回去转告你妈妈，你今天和一个苏联小女孩安妮娜一起玩，她堆的房子比你堆的好看。萧伯纳很吃惊，立刻认识到自己自视过高，并为这种不尊重人的行为感到十分抱歉。后来，萧伯纳每当回想起这件事时都感慨万千。他说：一个人无论有多大的成就，对任何人都要平等相待，那不仅是对别人的尊重，更重要的是，那也是对自己的尊重。

这个故事体现了礼仪的什么原则？

习礼与训练

课后登录互联网检索古代"冠礼""笄礼"相关视频，了解古代成人礼的过程。

讨论：成人礼在人生成长过程中的作用是什么？

任务测试

1."不学礼，无以立"出自＿＿＿＿＿＿＿？

2.简述礼仪的概念？

3.礼仪的原则有＿＿＿＿＿＿、＿＿＿＿＿＿、＿＿＿＿＿＿、

＿＿＿＿＿＿。

4.本任务将礼仪的起源与发展划分为几个阶段？

5.礼仪是传统文化的核心吗？礼仪的核心是什么？

■ 任务2 心中有德礼自辉

《林肯传》中有这样一件事：一天，林肯总统与一位南方的绅士乘坐马车外出，途过一老年黑人深深地向他鞠躬。林肯点头微笑并也摘帽还礼。同行的绅士问道："为什么你要向他摘帽？"林肯回答说："因为我不愿意在礼貌上不如任何人。"可见林肯深受美国人民的热爱是有其原因的。

林肯向老年黑人脱帽致礼说明了什么？

通过对本任务的学习，端正对礼仪的认知；学习礼仪文化，积淀深厚的文化底蕴和修养，在生活工作中习得良好的礼仪习惯。

知书达"礼"

一、礼仪的功能

礼仪是人类社会进步的产物，可以从伦理学、社会学、民俗学、美学等各个角度进行诠释。今天我们学习礼仪，其基本功能主要如下：

（一）礼仪的教化功能

礼仪蕴含着丰富的文化内涵，体现着社会的要求与时代的精神。礼仪潜移默化地熏陶着人们的心灵，使人们成为文明达理的公民。

（二）礼仪的美化功能

礼仪讲究和谐，塑造美好形象。交谈讲究礼仪可以更文明；举止讲究礼仪可以更高雅；穿着讲究礼仪可以更端庄；行为讲究礼仪可以更美好……讲究礼仪，可使人充满魅力，给人以美的印象。

（三）礼仪的沟通功能

礼仪是社交中的礼节和仪式。热情的问候、亲切的微笑、文雅的谈吐、得体的举止等，有利于扩大社会交往，提升职场能力，促进事业成功。

（四）礼仪的和谐维护功能

"礼仪是营造温馨的灵丹、伸缩有度的准绳、和睦相处的法则、人际交往的规范"。礼仪指导人们立身处世、融入社会，和谐人与人之间和人与社会之间的关系。学习礼仪可以正确把握社交尺度，有助于人们的友好相处、家庭的温馨和社会的稳定。

二、礼仪认识的局限性

在社交和商务活动中礼仪的重要性是不言而喻的，但人们对礼仪的理解往往存在局限性，其中主要表现如下：

（一）认为礼仪是束缚人个性的规矩

礼仪的发展与时代是同步的。礼仪是指导我们在与他人相处时让对方感到舒适的行为准则。人如果没有表现适当的礼仪，那我们的表现就与动物的行为没有什么差别。

（二）认为礼仪只有在上流社会才需要

礼仪是一种文化，是社交活动和各行业约定俗成的行为规范，没有阶层之分。知礼懂礼，遵守礼仪行为规范，才能在社会交往中表现出良好的素质和修养。

（三）认为礼仪的目标是赢得商业利益

礼仪的终极目标并不是获得商业利益，而是赢得尊重和友谊，这种尊重和友谊可以超越商业行为。

（四）认为礼仪是谄媚的行为和表现

礼仪不是阿谀奉承、溜须拍马、奴颜婢膝，遵守礼仪规范并不意味着你是势利小人。有仪无礼是礼仪教育的误区和瓶颈，只有发自内心的对他人的尊敬，才能焕发出礼仪的光辉。

三、礼仪的习得

中国自古以来就重视礼仪教育。周朝时的"国学"就以"六艺"为基本教学内容。"六艺"即礼（礼节仪式）、乐（音乐舞蹈）、射（箭术）、御（驾车）、书（写作）、数（算法）。其中，礼仪教育列在首位。周朝的教育主要局限于贵族及其子弟，而春秋时代大教育家孔子主张"有教无类"，倡导并力行礼仪普及教育。古人云："玉不琢，不成器"，以此强调修养的重要性。思想家、教育家孔子强调"修己以安人"，强调自我修养，认为修养是人的素质不断提高和自我认识不断发展的过程。

学习礼仪，增强自身修养的途径是多种多样的。对于开放教育学员来说，学校引导和社会实践是两条主要途径。学校礼仪教育可以使学生在思想上和行动上受到熏陶和训练，从而真正收到实效；社会实践可以使学习者提高礼仪规范的应用能力。

（一）整合学习内容

在学习内容上，要将礼仪文化与道德要求相结合、传统礼仪与现代文化语境相结合、礼仪常识与专业特点相结合。

（二）创新学习方法

在学习方法上，要将理论学习与能力训练相结合、知识接纳与习惯养成相结合、学校教育与社会实践相结合。

（三）礼仪教育关键在习惯培养

学习礼仪，知易行难，19 世纪英国名将惠灵顿说过："习惯是第二天性。"习惯的力量是巨大的。在礼仪修养方面，良好的礼仪素质，应注重日常养成,寓礼仪于细节之中,正如礼仪专家金正昆教授强调的：

修养体现于细节，细节展示素质，细节决定成败。

（四）加强文化、艺术、美学修养

礼仪是一种美。良好的礼仪修养是一个人品德修养、精神气质、文化品味的外在表现，是一种深刻的美，所谓"腹有诗书气自华"，"诚于中而行于外"，"慧于心而秀于言"。礼仪之美重在心灵美、外表美和行为美的和谐统一。

知识靠日积月累，素质靠点滴养成。进行礼仪修养，关键是持之以恒。经过长期不懈的努力，一定能拥有良好的礼仪习惯，形成文明的行为方式，达到高尚的人生境界。

案例与讨论

阅读下列故事：

俄国作家契珂夫在短篇小说《小公务员之死》中曾用一段荒诞的描写刻画了文中的某一角色：小公务员切尔维亚科夫在看戏时，不小心打了一个喷嚏，他觉得这个喷嚏给坐在自己前面的一位将军带来了不快，于是开始道歉。他在戏剧的演出过程中道了歉，在幕间休息时再次道歉，事后又专程赶到将军的办公室请求将军的宽恕。可是切尔维亚科夫仍然感到自己还是没能以适当的方式向将军致以歉意，因而还一直想找机会寻求得到将军的宽恕。这个故事的结局确实具有悲剧色彩：这个将军被切尔维亚科夫无休止的道歉惹得勃然大怒，他把这个小公务员从办公室轰了出去。切尔维亚科夫吓得惶惶不可终日，回到家中不久便死去了。

讨论：这个故事对于我们学习礼仪有什么现实意义？

习礼与训练

课后观看电影《孔子》。

联系本任务谈谈"外正衣冠礼仪，内正品德心灵"对我们学习礼仪的指导意义？

任务测试

1. 简述礼仪的功能。

2. 礼仪认识的局限性主要体现在哪几个方面？

3. 简述礼仪习得的途径。

4. "六艺"即_____、_____、_____、_____、_____、_____。

本篇综合训练

请您完成下列礼仪文化问卷调查：

1. 今天的社会是否需要有民族传统的中华礼仪？

　　1）需要　　　2）不需要　　　3）无所谓

2. 您认为"礼"应该是：

　　1）内外兼修的必然结果

　　2）外表彬彬有礼就行了

　　3）人际交流的润滑剂

3. 您怎么看待中国的传统礼仪？

　　1）是中国传统文化的核心，值得我们继承和发扬

　　2）仅仅是待人接物礼节

　　3）是封建社会的糟粕

　　4）不知道传统礼仪是什么

4. 您更了解中国礼仪还是西方礼仪？

　　1）中国礼仪　　　2）西方礼仪

　　3）都了解　　　4）都不了解

5. 您参加过中国传统礼仪的活动吗？

　　1）经常参加　　　2）偶尔参加　　　3）从不参加

6. 您是通过什么渠道了解传统礼仪知识的？

　　1）家中长辈的教诲　　　2）通过学校教育

　　3）电视节目　　　4）通过书本知识的阅读

7. 您认为现在是否需要提倡中国传统礼仪文化？

　　1）希望能够提倡　　　2）复古文化，不需要提倡

　　3）有选择地提倡　　　4）说不清

8. 您认为政府是否应该制定国民礼仪行为规范？

　　1）需要　　　　　　　2）不需要

　　3）根据社会需求确定不同的礼仪　　　4）说不清楚

9. 当前教育是否有必要加入传统礼仪文化？

　　1）有必要　　　2）没有必要　　　3）说不清楚

10. 是否需要将传统礼仪教育作为学生的必修课？

　　1）需要　　　2）不需要　　　3）无所谓

11. 您认为可以将西方的商务礼仪作为我国的通行礼仪吗？

　　1）不可以　　　2）可以　　　3）无所谓

12. 您是否了解中国传统婚、丧、祭等基本礼仪？

　　1）了解　　　2）知道一点　　　3）不了解

13. 您比较欣赏哪一种婚礼礼仪程式？

　　1）中国传统型　　　2）中西结合型

3）当代西方型　　　4）移风易俗，不需婚礼

14. 您的生日庆祝方式会选以下哪一种?

　　1）传统中国式　　　2）中西结合　　　3）无需仪式

15. 您了解传统的成年礼礼仪"冠礼"、"笄礼"吗?

　　1）了解　　　2）知道一点　　　3）不了解

16. 您认为洋节对我国传统礼仪文化产生:

　　1）积极影响　　　2）消极影响　　　3）说不清楚

17. 您认为是否需要制定公务员礼仪?

　　1）需要　　　2）不需要　　　3）无所谓

18. 您认为外国人到中国来应该用怎样的礼仪?

　　1）中国礼仪　　　2）他们本国的礼仪　　　3）无所谓

19. 您认为怎样的微笑是最美丽?

　　1）会心的笑　　　2）露出六颗牙齿　　　3）不露出牙齿

20. 您认为最能够弘扬我国的传统礼仪文化的方式是:

　　1）国家倡导　　　2）列为学校必修课程;

　　3）媒体宣传　　　4）民间人士及组织推动;

本篇综合评估

一、综合评估描述

通过下列不定项选择自测题，测测您对礼仪常识了解的程度。

1. "不学礼，无以立"出自（　　　　）。

A. 诗经　　B. 礼记　　C. 论语　　D. 周易

2. 下图白衣黑裙的搭配完全符合商务女士着装规范。

A. 正确　　B. 错误

3. 服饰颜色搭配应注意，一般不超过（　　　）种颜色。

A. 2　　B. 1　　C. 3　　D. 4

4. 全面介绍周朝礼仪制度的（　　　）是中国流传至今的第一部礼仪专著。

A. 礼仪　　B. 仪礼　　C. 礼记　　D. 周礼

5. 男士穿着单排两粒扣西装时，可以只扣下面一粒扣。

A. 错误　　B. 正确

6. "五常"指仁、（　　）、信。

A. 德　　B. 智　　C. 义　　D. 礼

7. 判断下列落座过程中哪些姿态是不正确的。（　　）

8.IQ 是一个人取得成功的决定性因素。（　　）

A. 正确　　B. 错误

9. 礼节性会见时间（　　）为宜。

A.2 小时　　B.1 小时左右　　C. 半小时左右　　D.10 分钟左右

10. 外事礼仪中，国家元首与政府首脑来访鸣放礼炮数分别是（　　）响，歌起炮响，歌落炮停。

A.19，21　　B.18，21　　C.21，19　　D.12，18

11. 不规范的饮茶礼仪是（　　）。

A. 浅酒满茶　　B. 叩桌行礼　　C. 捂杯谢茶　　D. 以茶代酒

12. 英国男子崇尚绅士风度，在社交场合遵循（　　）的原则。

A. 自由　　B. 平等　　C. 女士优先　　D. 穿礼服

13. 世界三大饮品是（　　）。

A. 咖啡　　B. 酒　　C. 牛奶　　D. 茶

14. 在介绍两人相识时，一般规矩是（　　）

A. 先卑后尊　　B. 先尊后卑　　C. 先女后男

15. "三纲"指（　　）。

A. 君为臣纲　　B. 父为子纲　　C. 妇为夫纲　　D. 夫为妻纲

二、综合评估标准和结果分析

参考答案：

1	2	3	4	5	6	7	8	9	10	11	12	13	14	15
C	B	C	D	A	BCD	AB	B	C	C	A	C	ABD	A	ABD

1. 以上 15 道题中，选对 9 题以下表明您对本篇知识缺乏了解；

2. 以上 15 道题中，选对 9~12 题表明您对本篇知识有所了解；

3. 以上 15 道题中，选对 12 题以上表明您对本篇知识掌握较好。

第二篇　个人礼仪

子曰："不知礼，无以立。" "个人礼仪，指在社交活动中有关个人形象设计、塑造与维护的具体规范。" 心中有德礼自辉，"腹有诗书气自华"。 个人形象不仅反映了个人的修养和素质，在人格发展及社会关系中也扮演着举足轻重的角色。

本篇包含仪容、仪表、仪态和语言礼仪四个任务。

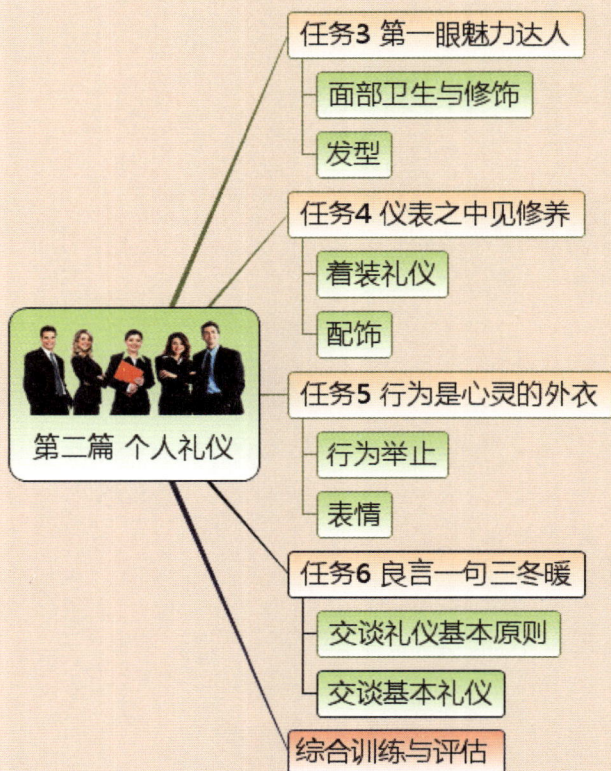

任务3 第一眼魅力达人

面部卫生与修饰

发型

任务4 仪表之中见修养

着装礼仪

配饰

第二篇 个人礼仪

任务5 行为是心灵的外衣

行为举止

表情

任务6 良言一句三冬暖

交谈礼仪基本原则

交谈基本礼仪

综合训练与评估

【学习目标】

通过本篇的学习：

1. 理解仪容仪表对于塑造个人形象的重要性；

2. 掌握面部和发型修饰的基本要求和要领；

3. 学会洁面的步骤和淡妆的方法；

4. 学会社交场合中敬语谦词的使用。

■ 任务3　做第一眼魅力达人

林琳大学毕业后就职于某商务公司。

今天公司安排林琳去拜访一个重要客户，为了使洽谈成功，并给客户留下美好的第一印象，林琳觉得应在个人仪容方面下一番功夫。

您认为林琳应从哪些方面塑造自己的形象呢？

在人际交往中，每个人的仪容都会引起交往对象的特别关注，并影响到对方对自己的整体形象的评价。通过对本任务单元的学习，理解仪容对于打造个人形象的重要性；掌握面部和发型修饰的基本原则和要领；学会洁面的步骤和淡妆的方法。

知书达"礼"

一、面部卫生与修饰

面部是仪容之首，是人际交往中他人注意的重点。整洁、卫生、简约、端庄、大方是面部修饰的基本礼仪要求，适当的美容也可显示出对他人的尊重和对生活的热爱。

（一）男士护肤

男性的皮肤多为油性或偏油性，每天可以增加洗脸次数，以除去油光，保持面部皮肤的清爽；每日剃须修面；不用气味浓烈的护肤品。

（二）女士护肤

要保持面部的润泽，面部基础护理很重要。

步骤与方法

1. 洁面的步骤

额头——鼻翼及鼻梁两侧——嘴巴四周——清水洗去洗面奶。

2. 护肤的步骤

使用柔肤水（爽肤水）——乳液、面霜。

（三）女士淡妆

适度得体的妆容可以展现个人风采。礼敬他人的化妆是一门技术，也是一门艺术，"美丽自然"是妆容的精髓。

化妆可以增添自信，缓解压力，对交往对象表示礼貌和尊重。

1. 化妆的分类

（1）按性质及用途分，化妆分为生活美容化妆、舞台化妆及戏剧化妆。

（2）按色度分，化妆分为淡妆和浓妆。

（3）按冷暖分，化妆分为暖妆和冷妆。

其中按色度分的淡妆是对自身面容的轻微修饰，如日妆（生活淡妆）、职业妆、休闲妆等等。

职业女性妆受到职业环境的制约，要给人专业、责任、知性的感觉，所以职场化妆一般以淡妆为佳。

面部化妆以突出五官中最美的部分并掩盖或矫正缺陷为目的。面部五官以"三庭五眼"的比例为标准。

"三庭"是指：上庭，从额头的发际线到眉线；中庭，从眉线到鼻底线；下庭，从鼻底线到颏底线。

"五眼"是指：从正面看，右耳孔到左耳孔之间的脸部横向距离，正好相当于自己五只眼的宽度，即两眼角至脸边线各为一只眼睛宽度，两内眼角之间为一只眼睛宽度。人的面部如果符合这个比例，就产生匀称感；如果不符，就要在化妆时运用一定技法进行调整和弥补。

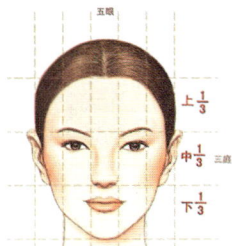

2. 化妆的方法和步骤

步骤	描述
 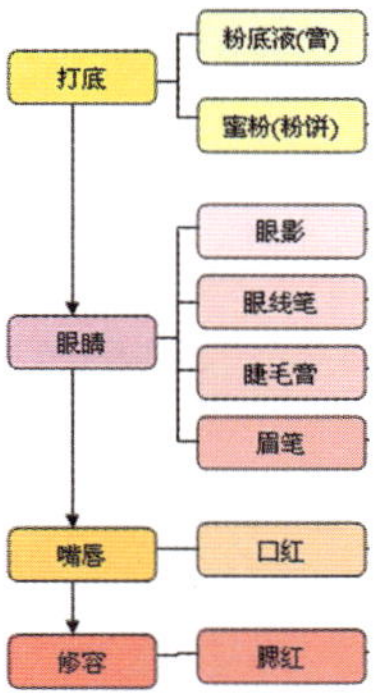	打底：在面部均匀施上薄的粉底，可以遮瑕、均匀透亮肤色。 粉底选择原则是比肤色亮一度，切忌一味追求太白，否则会有浮着的感觉。 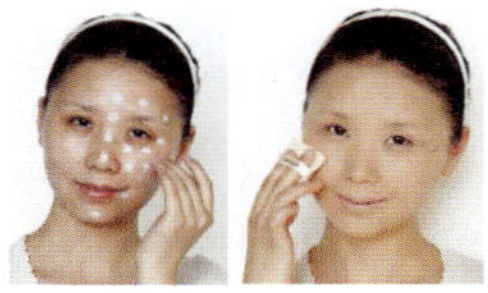
	眼妆：眼影从外眼角开始上色往内眼角方向晕开； 画上眼线：抬高下颚将眼睛往下看。 口红、唇彩：用唇刷把唇膏涂抹在双唇上，展现出唇部自然色泽。 腮红：用腮红刷照着图中演示的形状，从太阳穴扫向鼻尖。

二、发型

发型是头发的整体造型，影响选择发型的主要因素有性别、年龄、个人风格、职业、场合等因素。一款合适的发型可以外秀头型，内修脸型。职业状态和商务交往中一般不宜烫染过于夸张的发型和发色，头发上不宜佩戴过分花哨的饰品。

（一）男士发型

男士发型要体现简洁大方的原则，长度为 5~6 厘米较适宜；前发不覆盖额头一半；侧发不遮盖耳朵；后发不长于后发际线；鬓角不要长于耳朵的中部。

（二）女士发型

1. 发型与脸型

脸型	发型选择
	圆脸：前额的头发要高起来，不留过长过齐的发帘，两边的头发应帖服，不要蓬起。
	椭圆形脸：被称为东方女性的最佳脸形，也称鸭蛋脸、瓜子脸，适用多种发型。
	钻石脸型：应使两侧头发厚度大一些，用"刘海"遮住前额，可以适用蘑菇式发型。
	方型：两侧的头发稍长一些或烫一下，使脸形趋向于圆润，以曲线的美掩盖方形的缺欠，达到椭圆形脸的效果。
	三角（心）：发型应尽可能增加额头两侧的厚度，可采用侧分发式掩盖尖窄的额头的缺陷。
	倒三角：重点注意额头及下巴，刘海可以做齐一排，头发长度以超过下巴（2厘米）为宜，并向内卷曲，增加下巴的宽度；

2. 发型与服饰

为体现服饰的整体美，发型可以根据服饰的变化而改变。

服装款式	发型要求
	穿着礼服或制服时，可选择盘发或短发，以显得端庄、秀丽、文雅。
	披肩长发能显示女士的秀美，但在工作中往往不大合适。留披肩长发的女士在工作中应注意把头发束起。
	穿着休闲服装时，可选择更多适合自己脸形及体形的时尚发型。

案例与讨论

阅读下列背景资料：

李仪女士在一家大型集团工作。一次上级派她前往南方参加一个大型外贸商业洽谈会，为此，她特地穿上名牌粉色上衣和蓝色裙裤。

（1）综合以上材料，下列选项正确的是：

A 当代的职场人士主要是以貌取人

B 张小姐的上下身衣服搭配不合适

C 张小姐衣着未体现她的职业特征

D 张小姐的衣着没有凸显她的个性

（2）根据你所了解的形象礼仪知识，判断以下衣着搭配不合理的一项是：

A 黑色西装、黑色皮鞋、白色袜子

B 白色T恤、黑色球鞋、黑色袜子

C 白色西装、黑色皮鞋、黑色袜子

D 黑色T恤、白色球鞋、白色袜子

习礼与训练

1. 请女士准备化妆工具，为自己打造一款办公室职业妆。

2. 请男士为自己设计一款适合社交场合的发型。

造型前	造型后

任务测试

1. 男士发型要体现_____、_____、_____原则，长度____厘米较为适中。

2. _____脸型适应两侧头发厚度大一些，用"刘海"遮住前额，可以适用蘑菇式发型。

3. 披肩长发能显示女士秀美，适合在工作场合，对吗？

4. 护肤的步骤是：_____、_____、_____。

5. "三庭""五眼"指的是什么？

■ 任务4　仪表之中见修养

任务引擎

　　ZM公司的总经理张先生和项目经理李怡小姐带领公司工作人员一行3人，准备就XX工程合作事项与A公司进行首次洽谈。这个项目对ZM公司非常重要。

　　您认为张先生、李小姐等公司职员在此次工程合作的洽谈活动中，应如何恰当着装？

　　子曰："见人不可以不饰。不饰无貌，无貌不敬，不敬无礼，无礼不立"。由此可见，服装礼仪是人际交往取得成功的前提之一。

　　在人际交往中，服装发挥着多重实用性功能；可以美化形体，展示个性，反映精神风貌，体现生活情趣。"在正式场合，它还具有反映社会分工，体现地位、身份差异的社会性功能。"

　　著名的意大利影星索菲亚·罗兰曾深有感触地说过："你的服装，往往表明你是哪一类人物，它们代表着你的个性。一个和你会面的人，往往自觉不自觉地根据你的衣着来判断你的为人。" 美国心理学家彼德·罗福甚至认为："一个人的服装不只是表露他的情感，而且还显示着他的智慧。一个人的衣着习惯，往往透露出他的人生观和价值观。" 莎士比亚则进一步强调："服装往往可以表现人格。"

　　通过本任务的学习，能够掌握服装的TPO-R原则；学会根据场合选择和搭配服装；学会男士西装的着装技巧和打领带的基本方法；学会女士套装的着装技巧；能够灵活选用配饰为服装画龙点睛。

知书达"礼"

一、着装礼仪

　　着装，指服装的穿着。"它既是一门技巧，更是一门艺术。"从礼仪的角度来看，它不仅单指穿衣戴帽，更是指由此而折射出的人们的教养与品位。

着装实际上是一个人基于自身的阅历、修养和审美品位，在力所能及的前提下，对服装所进行的精心选择、搭配和组合。在各种正式场合，注重个人着装的人会给他人以良好的印象。依照社交礼仪，得体的着装，必须遵守一个原则兼顾五个特性。

（一）遵守服装 TPO-R 原则

服装 TPO-R 原则，是有关服饰礼仪的基本原则之一。其中 T、P、O、R 四个字母，分别是英文时间、地点、目的、角色这四个单词的缩写。即着装要考虑到时间"time"、地点"place"、场合"occasion"和角色"role"。

它的含义是要求人们在选择服装时，应当兼顾时间、地点、目的和角色要求，力求使自己的着装及款式与着装的时间、地点、目的、角色身份相和谐。

你的穿着打扮必须考虑：一是什么季节、什么特定的时间，比如工作时间、娱乐时间、社交时间等；二要考虑要去的目的地及场合，工作场合需要工作装，社交场合穿正装；三要考虑你的目的性；四要考虑自己所承担的角色是什么。

例如，一个人身着款式庄重的服装前去应聘新职、洽谈项目，说明他郑重其事、渴望成功。而在这类场合，若选款式暴露、性感的服装，则表示对求职、项目不重视及对对方不尊重。

（二）着装的特性

1. 个体性

着装个体性主要体现在要照顾自身特点，做到"量体裁衣"，使之适应自身，扬长避短；保持自己独有的风格，勿随波逐流。

2. 整体性

着装的整体性主要体现在着装的和谐。要恪守服装本身约定俗成的搭配，使服装各部分相得益彰，力求展现着装的整体之美。

3. 整洁性

着装整洁性主要体现在着装应整齐、完好、干净卫生。各类服装要勤于换洗，不应有污渍和异味。

4. 文明性

着装的文明性，主要体现在符合社会道德传统和常规。

5. 技巧性

着装的技巧性体现在着装时应依照各种服装约定俗成的穿衣规范而行，免得贻笑大方。

（三）着装场合

1. 公务场合

公务场合指的是人们在工作地点，公务活动时间。公务场合对于服装款式的要求是庄重、保守、传统。符合公务场合的服装款式为：制服、套装、套裙、工作服等。

2. 社交场合

社交场合，指人们置身于交际地点，在上班之外公共场合与人交往、共处的时间。如聚会、拜会、宴会等，都是典型的社交场合。社交场合对于服装款式的要求是典雅、时尚、个性。适用于社交场合的服装款式为：时装、礼服、民族服装，以及个性化服装等。

3. 休闲场合

休闲场合，指人们在闲暇时间，在公务、社交之外，居家、健身、旅游、娱乐、逛街等，都属于休闲活动。休闲场合对于服装要求是舒适、方便、自然。适用休闲场合的服装为：家居装、运动装、沙滩装、牛仔裤等。

（四）男士西装

一套完整的西装包括上衣、衬衫、领带、西裤、腰带、袜子和皮鞋。

男士西装	描述
西装	西装上衣要求： 衣长在臀围线以上 1.5 厘米左右； 袖长至腕部。 正装西裤要求： 裤线清晰笔直； 裤脚前面盖住鞋面中央； 后至鞋跟中央。
衬衫	长袖衬衫是搭配西装的唯一选择，颜色以白色或淡蓝色为宜； 领子要挺，下摆束在裤内； 衬衫领口和袖口要长于西服上装领口和袖口 1~2 厘米。

男士西装	描述
领带	领带图案以几何图案或纯色为宜； 系领带时领结要饱满； 长度以系好后垂到皮带扣处为准。
腰带	腰带材质以牛皮为宜； 皮带扣样式和图案不宜夸张。
鞋、袜	搭配造型简单、鞋面光滑亮泽的式样。鞋袜颜色与西装协调。切忌黑皮鞋配白袜子。

（五）女士套装

女士套装	描述
套装	1. 西服套装（裙），应注重面料，最佳面料是高品质的毛纺和亚麻，最佳的色彩是黑色、灰色、棕色、米色等单一色彩。 2. 在公务和商务场合，商务套装一般为长袖。 3. 职业裙装的裙长及膝，落座裙边缩上后距离膝盖约10厘米。
衬衫	1. 衬衫的颜色与套装相匹配即可；白色、黄白色和米色与大多数套装都能搭配。 2. 丝绸是最好的衬衫面料；另一种选择是纯棉，但要保证熨烫平整。
鞋、袜	1. 黑色高跟或半高跟船鞋是社交和职场女性必备基本款，可搭配任何颜色和款式的套装。 2. 长统袜和连裤袜是穿套裙的标准搭配。 3. 穿套裙时，袜边不宜暴露在裙子外面，丝袜如有破洞、跳丝，要立即更换。可在手袋里备用一两双袜子，以免尴尬。

　　女性的着装比男性更具个性，女性都要树立一种最能体现自己个性和品位的风格。值得一提的是，在正式场合，女士着装一定忌短、忌露、忌透。

二、配饰

　　配饰指的是人们在着装同时佩戴的装饰性物品。一般来说，它对于服装而言起着辅助、烘托、陪衬、美化的作用。从审美的角度来看，它与着装、化妆一起被列为人们美化自身的三大基本方法之一。较之于着装，它发挥了画龙点睛的作用。其中最重要的当首推领带、手表、丝巾、首饰等。

（一）领带

1. 平结 该结几乎适用于各种材质的领带。要注意两边均匀对称。	
2. 温莎结 该结适合宽领型的衬衫。该领结应多往横向发展，应避免材质过厚的领带，领结也勿打得过大。	
3. 普瑞特结 该结形状对称、大小平均、外观匀整，适合大多数衬衫和场合；缺点是领带的小领反面朝外。	
4. 半温莎结 该结形状对称，它比普瑞特结略大而比温莎结略小。适合大多数的衣领，也适合正统社交场合与正统礼服搭配。	
5. 肯特结 该结是步骤最简单的一种，结型也最小。	

（二）丝巾

丝巾是一种唯美的配饰，是社交、职场女性必备的配饰之一。丝巾与女性的完美搭配，可使女性显得柔和唯美或浪漫迷人，绽放优雅气质。

根据不同的社交活动场合，不同的发型和衣着，搭配不同颜色、不同图案、不同材质，以各种手法打成的丝巾结，可以使女性显得时而端庄秀丽，时而恬静娴淑，时而热情奔放，时而甜美娇人。利用飘逸柔媚的丝巾作点缀，可提升服装的品味，使女性着装更具个人魅力。丝巾的妙用在于衬托着装整体效果，是彰显女性服装完美搭配的点睛之笔。

丝巾结打法及妙用举例：生活中，把不同颜色、不同图案的丝巾以不同的方式打结，再配以适合的发型和衣着，就可以变换出不同寻常的姿态。不管什么场合，立刻能让女性的穿着更有韵味，可以用丝巾调节脸部色泽，如红色系可映得面颊红润；或是突出整体打扮，如衣深巾浅、衣素巾艳。

丝巾搭配举例：

香水百合结系法
①将长巾对折一次后挂在脖子上系个活结
②将丝巾两边合并在一起扭转成麻花状
③将麻花围绕成花形
④将丝巾尾端从内至外塞入结内固定
⑤调整花结的形态和位置
风琴结系法
①将长巾随意对折成长条形并在一端打个结
②在长巾另一端折出风琴折
③④将折好的丝巾围在脖子上，将风琴折的一端穿过另一端的结并整理成形
蝴蝶结包饰系法
①将长巾随意地对折成长条绕过手包其中一条提手
②③④按照图示方法在包带上系出蝴蝶结，整理成形
百搭丝巾背心系法
①将方巾按对角线对折
②③④按照图示方法系成背心装整理成形

丝巾结	描述
	甜美香水百合结
	端庄秀丽风琴结
	蝴蝶结包饰
	百搭丝巾背心

（三）戒指

戒指不仅是一种装饰品，还是吉祥物和生活变迁的标记。戒指的戴法很有讲究，如果佩戴不当，是会闹出笑话的。

人们常常把戒指戴在左手的无名指上，据说这是因为人们认为此处有一根血管直通心脏，与心相通的戒指，所连接的婚姻无疑是牢固的。国际流行式佩戴法是用不同手指上的戒指来代表不同的意义。一般除了大拇指外，双手各个手指均可佩戴。

不论何种戒指，戴在食指上，表示想结婚（即求婚）。戴在中指上，表示已在热恋中，有了中意的异性朋友。戴在无名指上，表示已订婚或结婚。戴在小指上，表示独身，或表示终身不嫁、不娶。

戒指一般戴在左手，而且最好只戴一枚，最多戴两枚。带两枚指时，可戴在左手两个相连的手指上，也可以戴在两只手对应的手指上。

案例与讨论

通过本任务的学习您一定对仪表礼仪有了进一步了解，对本文引擎中的案例进行讨论，分别为张经理和李怡女士列出出席项目洽谈会的着装清单。

习礼与训练

练习领带结的打法。您学会了几种领带结的打法，最喜爱哪一款打法，说明理由。

通过互联网搜索更多丝巾结图解。您最喜爱哪一款打法，说明理由。

任务测试

1.通过本任务的学习：从礼仪的角度来看，着装不仅指_____，更是指由此而折射出的人们的_____。

2._____是职场女性必备的基本鞋款。

3.服装_____原则，是有关服饰礼仪的基本原则之一。

4."戒指戴在中指上，表示已在热恋中，有了中意的异性朋友。"您认为这种说法是否正确？

5."在人际交往中，服装发挥着多重实用性功能，可以_____，_____，也反映出个人的_____，体现生活情趣。"

■任务5　行为是心灵的外衣

　　某公司部门会议之后，部门经理艾玛女士向人事部经理阿曼达女士抱怨，新入职的2名员工开会时小动作不断，乔林不停地抖腿，而丽莎则东张西望。

　　您觉得仪态方面的这些小动作说明了什么问题，仪态会影响您在社交中的形象吗？

　　仪态是指一个人的举止、风度、神态和表情，优雅而自信的举止和神态是一种无声的语言，反映了较高的礼仪修养，这在社会交往和商务活动中是尤为重要的。通过本任务单元的学习，掌握生活交往中基本的行为礼仪，塑造优美、典雅的行为举止。优美的体态彰显自信，衬托出美好的气质和风度，并给他人留下美好的印象。

知书达"礼"

一、行为举止礼规

（一）稳重大方的站姿

　　1.站姿基本要领

　　（1）脚跟相靠，脚尖分开成"V"字形，开度为45°~60°，身体重心落在两脚之间的中心位置上。

　　（2）两腿直立，双膝并拢。

　　（3）收腹提臀，立腰挺胸。

　　（4）双肩平且下沉。双臂自然下垂，手指自然弯曲。

　　（5）头正，颈直，下颚微收，微笑、平视前方。

基本站姿口诀：
头正、颈直、肩要平；
胸挺、腹收、臀上提；
脚跟相靠脚尖"V"；
三椎一线（头）顶找天。

2.男女站姿有别

站 姿	演 示
垂直式站姿： 　　身体直立，双手置于身体两侧，双腿自然并拢，脚跟靠紧脚尖分开呈"V"字。	
握手式站姿：（前搭手位） 　　身体直立，双臂下垂置于腹部。 　　女性右手搭握左手，拇指交叉向内不外露，丁字步； 　　男性左手空握，右手五指并拢覆盖在左手手背，自然垂放腹前，两脚可平行开立，略窄于肩宽。	

（二）端庄优雅的坐姿

　　规范的礼仪坐姿要求端庄而优雅，给人自然大方的美感。

　　1. 坐姿基本规范

　　（1）入座时轻、稳、缓，落座时一般坐满椅子的 2／3。

　　（2）落座后，要立腰、挺胸，上体自然挺直；双肩平正放松，双手掌心向下自然叠放于腿上，亦可放在椅子或沙发扶手上，以自然得体为宜。神态从容自如，下颌微收。

　　（3）离座时注意调整身体重心，自然稳当站起。

　　（4）女子入座时，若是裙装，应用手拢好裙摆，尽量避免坐下后再拉拽衣裙的不雅姿态。

　　（5）正式场合一般从椅子的左边入座，也从左边离座。

　　（6）女士入座尤要娴雅、静美，两腿并拢，双脚同时居中、向左或向右放，两手叠放于双腿上，以给人端庄、大方之美。两腿分开，或成4字形的叠腿方式尤其失礼。

　　2.社交与职场中常用坐姿

职场中常用坐姿主要有双腿垂直式（端坐）、斜放式、重叠式等。

坐　姿	描　述
端坐： 　女士膝盖自然并拢，小腿垂直地面，双脚并拢； 　男士两膝自然分开与肩同宽。	
斜放式： 　女士常用坐姿，双膝并紧，注意不要脚底外翻。 前后式： 　男士常用坐姿，前脚不适合前伸过远，适合于各种场合。	
重叠式：（不适宜正式场合） 　女士双腿重叠侧斜放，注意脚底不要外翻； 　男士双腿叠放，注意悬空的脚底不要朝向对面的人。	

（三）合理恰当的蹲姿

1. 蹲姿的基本要领

一脚在前，一脚在后，两腿向下蹲，前脚全着地，小腿基本垂直于地面，后脚跟提起，脚掌着地，两腿合力支撑身体，掌握好身体的重心，脊背保持挺直，避免弯腰翘臀的姿势。女士要注意两腿仅靠，穿旗袍和短裙时更需要留意以免尴尬。

2. 高低式蹲姿（以右脚在前为例）

下蹲时右脚在前，左脚稍后（不重叠），两腿靠紧向下蹲。右脚

全脚着地，小腿基本垂直于地面，左脚脚跟提起，脚掌着地。左膝低于右膝，女士左膝内侧靠于右小腿内侧，形成右膝高左膝低的姿势，臀部向下，基本以左腿支撑身体。

3. 女士交叉式蹲姿

下蹲时右脚在前，左脚在后，右小腿垂直于地面，全脚着地。

左腿在后与右腿交叉重叠，左膝由后面伸向右侧，左脚跟抬起脚掌着地。两腿前后靠紧，合力支撑身体。臀部向下，上身稍前倾。

（四）潇洒优美的行姿

良好的行姿应当身体直立、收腹立腰、两眼平视前方，双臂放松在身体两侧自然摆动，脚尖向前方迈出，跨步均匀，步履自然，有节奏感。男女步态风格有别：男士走姿应步伐稍大，步伐矫健、潇洒、豪迈，展示阳刚之美；女士走姿则步伐略小，步伐应轻盈、娴雅，体现阴柔之美。

起步时，身体微前倾，身体重心落于前脚掌，行走重心随移动的脚步向前过渡，不要让重心停留在后脚。步幅大小应根据身高、着装与场合的不同而调整。

步位是指两脚下落到地面的位置。女士行走时，两脚内侧着地的轨迹要在一条直线上；男子行走时，两脚内侧着地在两条相距很近的平行线上。

（五）舒展优雅的手势

1. 邀请的手势

五指并拢自然伸直；掌心斜向上方，手掌与地面成45°；腕关节伸直，手与前臂形成直线，整个手臂略弯曲约135°。

注意：整个手臂不可完全伸直，也不可呈90°的直角。肘关节为轴上臂带动前臂，由体侧自下而上将手臂抬起。身体微前倾，头略转向手势指示方向。面向客人，面带微笑，目视来宾，致问候语。

2. 引导的手势

引导，即引领行进的方向。

五指伸直并拢，掌心向上与地面约成45°，朝欲引导的方向伸出手臂；身体侧向来宾，目光兼顾来宾和所指方向；一般引导者在来宾

左前进行引导。

3. 请坐的手势

接待来宾入座时，左手或右手抬起，以肘关节为轴，前臂由上向下伸出，使手臂向下成一斜线，致语"请入座"。

4. 指示方向的手势

为人指路、指示方向是社交活动中常遇到的事。可以采用直臂式手势：曲肘，将胳膊由身前抬起，掌心向上；抬到略低于肩时，再向要指的方向伸出手臂；与引导手势不同的是，指示方向时，手臂高度齐肩、肘关节基本伸直；上体微前倾，眼睛看所指目标方向，兼顾客人是否会意；面带微笑。

二、表情

（一）心灵之窗——眼睛

眼睛是心灵的窗口，能表达复杂、微妙、细腻、深邃的感情。它能如实地反映人的内心思想感情，反映人的思维活动。人们在日常生活之中常借助于眼神所传递的信息

孟子说："存乎人者，莫良于眸子，眸子不能掩其恶。胸中正，则眸子瞭焉；胸中不正，则眸子眊（mao 冒）焉。听其言也，观其眸子，人焉廋哉。"。

泰戈尔指出，"一旦学会了眼睛的语言，表情的变化将是无穷无尽的"。

1. 注视位置

注视对方身体不同位置，传达的信息会有差别，造成气氛也有差别。不同的场合和对象，目光所及之处应有区别。

（1）公务注视：用于洽谈、磋商、谈判等场合。注视位置在以对方双眼为底线、额头为顶点的三角形区域内。若一直注视这个区域，便给人以严肃、认真的感觉，使对方感到郑重其事。

（2）社交凝视：用于各种社交场合。注视位置以对方双眼为底线、唇部为顶角的倒三角形区域内。这种注视令人感到舒服、有礼貌，可以营造一种和缓的社交气氛。

（3）亲密注视：注视位置在对方双眼到胸部之间的区域内，只限于亲人、恋人等亲密关系之间。

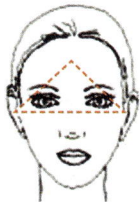

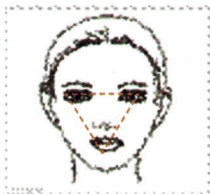

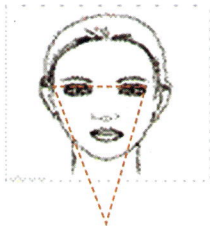

2. 不同目光的运用

发言：用目光环视全场，表示"请予注意"。

洽谈：通过适宜的目光与对方交流，调整交谈的气氛。保持目光的接触，随话题、内容地变换，作出恰当的反应，使整个交谈融洽、和谐。

（二）如沐春风的微笑

微笑是一种令人感觉愉快的、悦己又悦人的表情。微笑是日常交往中交流的"润滑剂"，是善良、友好、赞美的表示。

微笑是无声的语言，能弥补裂痕。真正的微笑应发自内心，渗透着自己的情感，表里如一。毫无包装或矫饰的微笑非常有感染力，所以它被视作"参与社交的通行证"。

微笑是社会交往礼仪的基础。亲切、温馨的微笑能使人们迅速缩小彼此的心理距离，打破交际障碍，创造出交流与沟通的和谐氛围。

1. 微笑四到

心到：礼由心生，发自内心的喜悦；

眼到：当在微笑的时候，眼睛里也要含笑，否则，给人的感觉是"皮笑肉不笑"；

口到：微笑和问候语、敬语结合起来使用，对方会感到你的话语是发自内心的。如微笑着说"早上好"、"您好"等礼貌用语。

身到：微笑要与正确的身体语言相结合，才会相得益彰，给对方以最佳的印象。如微笑和点头、握手、鞠躬等礼节结合起来使用，会彰显肢体语言中的情感色彩。

2. 对镜练习法

对镜微笑，首先找出自己最满意的笑容，然后坚持训练此笑容，从不习惯到习惯微笑。

3. 口型训练法

微笑的口型为闭唇或微启唇，两唇角微向上翘。可借助说"阿（ē）……"让嘴的两端朝后缩，微张双唇；轻轻浅笑，减弱"阿（ē）"的程度，这时可感觉到颧骨被拉向斜后上方；相同的动作反复几次，直到感觉自然为止。

案例与讨论

　　故事梗概：航班起飞前一位乘客请空姐给他一杯水吃药。空姐为了安全，请这位先生稍等片刻，表示待飞机进入平稳飞行后，便把水送过来。15分钟后，飞机已进入平稳飞行状态。由于太忙，空姐忘记给那位乘客倒水。当空姐来到客舱小心翼翼把水送到乘客跟前，面带微笑地说："先生，实在对不起，由于我的疏忽，延误了您吃药的时间，我感到非常抱歉。"这位乘客指着手表表示强烈不满。接下来的飞行途中，为补偿自己的过失，每次去客舱给乘客服务时，空姐都特意到那位乘客跟前，面带微笑地询问他是否需要帮助，而那位乘客余怒未消并不理会空姐。临到目的地时那位乘客要求空姐把留言本送过去，很显然，他要投诉这名空姐。此时空姐心里虽然委屈但仍然不失职业道德的微笑道："先生，请允许我再次向您表示真诚的歉意，无论您提什么意见，我都欣然接受。"那位乘客脸色一紧，想说什么却没开口，他接过留言本开始在本子上写了起来。

　　飞机安全降落乘客离开后，空姐打开留言本，却惊奇地发现，那位乘客在本子上写下的并不是投诉信，而是一封表扬信。信中写道：在整个过程中，你表现出真诚的歉意，用十二次微笑深深打动了我，使我将投诉信写成表扬信。下次有机会，我还会乘坐这趟航班！

习礼与训练

一、习礼与训练 1

1.体会走、站、坐、蹲姿的基本要领，并进行模拟练习。

2.建议将过程用照片或微视频形式记录，回放，点评。

二、习礼与训练 2

1. 在音乐中品味微笑——微笑训练，让微笑与生活如影随形。

2. 建议将过程用照片或微视频形式记录，回放，点评。

任务测试

1．仪态是指一个人的_____、_____、_____和表情，优雅而自信的举止和神态是一种_____。

2．微笑的"四到"指的是什么？

3．公务注视眼神一般用于什么场合？请在图中标出公务注视区的区域。

■任务6　良言一句三冬暖

古时候，一个士兵骑马赶路，心中着急，忽见一老汉在路边歇息，便在马上高声喊道："喂，这里离客店有多远？"老人大声回答："五里！"年轻人策马而去，一口气跑了十多里也不见人烟，他认为老人欺骗了他，自言自语道："五里五里，什么五里！"突然，他恍然大悟……掉转马头，飞奔回去找到那位老人，下马鞠躬："老大爷，我……"老人没等他往下说，就告诉他："客店已走过头，如不嫌弃，可到我家一住。"……

故事中士兵自言自语之后悟道了什么？从这个非常熟悉的小故事里我们得到什么启示？

人类是群居的动物，彼此间需要交流才能相处、合作。俗话说"言为心声"。语言是人类用以表达思想、交流情感、沟通信息的特有工具。《礼记·曲礼》中说："鹦鹉能言，不离飞鸟；猩猩能言，不离禽兽。今人而无礼，虽能言，不亦禽兽之心乎"，所以沟通、交流从语言开始，尊重从交谈开始。

英国著名教育家约翰·洛克说："礼貌是儿童与青年所应该特别小心养成习惯的一种大事。"语言筑文明，礼貌显素质。

语言是个人礼仪的一个重要组成部分。通过本任务单元的学习，能够了解交谈礼仪在日常生活中的重要作用；熟练灵活地在不同场合合理的使用敬语、谦语。

知书达"礼"

一、交谈礼仪基本原则

交谈是人际交往的手段。强化语言方面的修养，学习、掌握并运用好交谈礼仪，是至关重要的。

随着人类社会的快速发展，交谈已成为政治、外交、科学、教育、商贸、公关等各个领域不可或缺的一项语言活动。交谈是以两人或多人之间的谈话为基本形式，进行面对面的学习讨论、谈心聊天、沟通信息、交流思想感情的活动。它以对话为基本形态，包括交谈主体、交谈客体、交谈内容三个方面。

一个人善于交谈不仅能给人带来友爱，和谐社交环境，还能享受到特有的友情与温暖。在现实生活中，我们经常看到因话不得体而伤害亲朋同事的事例，甚至因言语失礼而结怨结仇，酿成苦果。

所以，语言交谈是建立良好人际关系的重要途径，是连接人与人之间思想感情的桥梁。

"一人之辩重于九鼎之宝，三寸之舌强于百万之师"（《战国策·东周》），强调了一个"信"字。"良言一句三冬暖，恶语伤人六月寒"强调了一个"仁"字和"敬"字。

语言的艺术性体现在：语言人人会讲，效果却大不相同。

（一）文明的原则——非礼勿言

语言讲究礼仪规范是文明的标志，是对交往对象表达尊重的方式。有些人受不良环境影响养成说脏话的习惯，把"出口成章"演变为"出口成脏"。语言不文明是人文素质低下的表现，要提高人们的素质，需忌用垃圾语言，提高语言的文明程度。

（二）真诚的原则——忌假话、空话

真诚是做人的美德，也是交谈的原则。交谈双方态度要认真、诚恳，才能有融洽的交谈环境，是奠定交谈成功的基础。在人际交往中，信任的建立需要真诚的日积月累；信任的崩溃，只需一句谎言。所以富兰克林说："诚恳，不欺骗人；思想要纯洁公正；说话也要如此。"

在交往中花言巧语，最终会将自己陷于尴尬境地。"出自肺腑的语言才能触动别人的心弦"，在交往中我们的语言要做到"真者，精诚之至也"（《庄子·渔父》），不精不诚，不能动人。

（三）尊重的原则——忌目中无人

语言交谈是双方思想、感情的交流，是双向活动。要取得满意的交谈效果，就必须顾及对方的心理需求。交谈中，来自对方的尊重是任何人都希望得到的。交谈双方无论地位高低，年纪大小，或长辈晚辈，在人格上都是平等的。

二、交谈基本礼仪——处事以诚，待人以敬

（一）"说"的礼节

1. 言之有物

"说"要有观点、有内容、有内涵、有思想，空洞无物、废话连篇不会受人欢迎。"说"要明确地将需要传递的信息准确地送到对方的大脑里，反映客观事物，揭示客观事理，表达思想感情。

2. 言之有序

根据"说"的主题和中心设计"说"的次序，"说"要有逻辑和科学性。"使众理虽繁，而无倒置之乖；群言虽多，而无棼丝之乱。"（刘勰《文心雕龙》）交谈时，思路要清晰，内容有条理。

3. 言之有礼

"说"要讲究礼节礼貌。知礼会为你的交谈创造一个和谐、愉快的环境。讲者态度谦逊，语气友好，内容适宜，语言文明。

4. 言之有"巧"

人类语言的特点就在于能用变化无穷的语音，表达变化无穷的意义，这是其他生物做不到的。

"说"不仅要考虑说的内容，更要讲究语音、语调、表情和肢体语言的配合。语调要热情明朗积极；咬字要清晰准确、段落分明；语速适中善用停顿；音量适宜，"说"中有"情"。

为了顾及对方的感受，要学会实话巧说，这是人心的仁爱与艺术的表达。

（二）"听"的礼貌

1. 真诚倾听

倾听别人说话时，应集中注意力，眼睛关注对方，身体略微前倾，让对方感觉到被重视，建立良好交流氛围。

2. 耐心倾听

要有耐心，不随便打断别人讲话，积极思考，适时归纳自己的回应，有不同观点尽量在听完后阐述。

3. 适时反馈

适时运用动作和表情回应，这表明你已经听到并理解了信息。适时用提问、简短的语言，如"是"、"对的"或点头微笑来表示你的赞同和鼓励。

4. 用心去听

这是倾听的最高境界，即用同理心去听。

（三）谦敬语——君子自谦而敬人

谦敬语是在人际交往中经常使用的，用来表示谦虚和尊敬的礼貌用语，也称客套话。谦敬语的运用十分普遍，它可以说是社交中的润滑剂、黏合剂，能减少人际间的"摩擦"和"噪音"，可以沟通双方感情并产生亲和力，其作用是不可低估的。

1. 称呼敬语

称呼，通常指人们在日常交往中，所采用的彼此之间的称谓语。正确、适当的称呼，能反映自身的教养、对对方尊敬的程度，甚至还体现着双方关系发展所达到的程度和社会的风尚。我们应该做到外敬内谦。

（1）生活中的称呼

① 亲属

著名散文家毕淑敏在《让我们倾听》中有这样一段话：

在"倾听"这门功课上，许多人不及格。

如果谈话的人没有我们的学识高，我们就会虚与委蛇地听。

如果谈话的人冗长繁琐，我们就会不客气地打断叙述。

如果谈话的人言不及义，我们会明显地露出厌倦的神色。

如果谈话的人缺少真知灼见，我们会讽刺挖苦，令他难堪……

凡此种种，我都无数次地表演过，至今一想起来，无地自容。

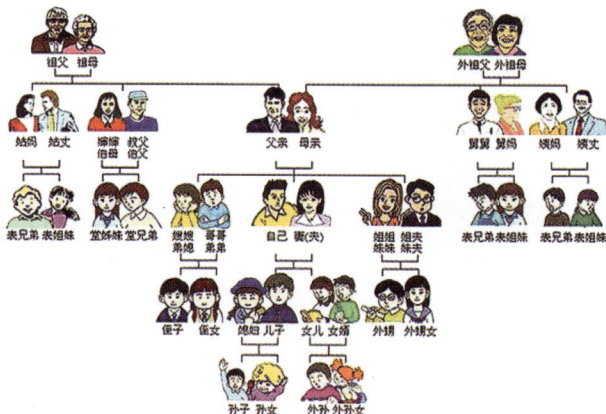

父亲的父亲称"祖父"，父亲的祖父称"曾祖父"。姑、舅之子称"表兄、弟"；叔、伯之子称"堂兄、弟"。称辈分或年龄高于自己的亲属，可在其称呼前加"家"字，如"家父"、"家叔"、"家姐"。称辈分或年龄低于自己的亲属，可在其称呼前加"舍"字，如"舍弟"、"舍侄"。称自己的子女，可在其称呼前加"小"字，如"小儿"、"小婿"。

② 对他人的亲属

对其兄长，宜在称呼前加"尊"字，如"尊兄"。对其弟妹或晚辈，宜在称呼前加"贤"字，如"贤妹"、"贤侄"。

如在称呼前加"令"字时，一般不分长幼，如"令尊"、"令堂"、"令爱"、"令郎"。

③ 对朋友、熟人

长辈朋友熟人称"您"；有身份的、年长者可以称"先生"；文艺、教育界人士，有成就、有身份者，均可称"老师"；德高望重的资深人士、年长者，可称"××公"或"×老"

平辈朋友、熟人均可以姓名或姓相称；同性朋友、熟人，若关系较亲密，可以直呼其名。

（2）工作中的称呼

工作中称呼的原则：庄重、正式、规范。

①职务性称呼：

以交往对象的职务相称，以示身份有别、敬意有加。如：姓名＋职务；姓氏＋职务；职务。

②职称性称呼：姓名＋职称；姓＋职称；职称。

③学衔性称呼：姓名＋学位；姓＋学位。

（3）行业泛称（行业性称呼）

①称呼职业，如将教员称为"老师"，将教练员称为"教练"，警察称为"警官"，将会计师成为"会计"，将医生称为"医生"或"大夫"，等等。

②称呼"小姐"、"女士"、"先生"

对商界、服务业从业人员，一般按性别的不同称呼为"小姐"、"女士"、"先生"，未婚者称"小姐"，已婚或者不明确其婚状况者则称为"女士"。

2．口语交流中的敬语、谦辞

（1）问候语：您好、大家好（可加时效性词语，如上午、下午、晚上）。

常用雅谦辞

初次见面曰：幸会；
好久不见曰：久违；
等候别人曰：恭候；
看望别人曰：拜访；
请人勿送曰：留步；
麻烦别人曰：打扰；
请人帮忙曰：烦请；
请给方便曰：借光；
请人办事曰：拜托；
请人解答曰：请教；
赞人见解曰：高见；
归还原物曰：奉还；
中途离开曰：失陪；
老人年龄曰：高寿；
请人原谅曰：包涵；
请人收礼曰：笑纳；
朋友欲行曰：慢走；
未能亲迎曰：失迎；
请受邀请曰：赏光；
与人告别曰：告辞；
礼貌不周曰：失敬；
对方来信曰：惠书；
他人指点曰：赐教；
赠送作品曰：雅正。

（2）欢迎、赞美语：欢迎、欢迎光临、欢迎您的到来、见到您很高兴、恭候您的光临（许久不见）、久违、久仰、高见。

（3）送别语：再见、慢走、（请）留步、走好、欢迎再来、一路平安。送乘飞机的朋友时不能说"一路顺风"。

（4）请托语：请、劳驾、麻烦您、请您赐教、拜托。

（5）致谢、道贺语：谢谢、感谢您的帮助（支持、理解、赞美、善意）、恭喜、请您笑纳。

（6）推脱语和道歉语：对不起、不好意思、抱歉、请原谅、失陪。

（7）谦辞：承蒙错爱、您过奖了、不敢当、惠顾、寒舍、包涵、失迎、有失远迎。

为了实现交往的目的，言谈中不仅要注意话题的选择，还要注意表情、态度、用词，运用交谈的技巧。"言为心声，语为人镜"。谈吐是有声语言，表达人的心声；表情则是无声语言，是人的内心情感的外显。遵守语言谈吐礼仪是顺利达到交际效果的"润滑剂"。

（四）交谈礼忌

在与人交谈的过程中要讲究时间、场合、身份。谈话时我们除了听、看、思考外，还要了解一般的交谈禁忌，以免影响沟通效果。

1. 社交场合六不谈

第一，不能非议国家和政府，要拥护政府，保持一致。

第二，不能涉及国家和商业秘密。

第三，不能干涉交往对象单位的内部事务。

第四，不在背后议论领导和同事。

第五，不谈格调不高的话题，做有教养的人。

第六，不涉及私人问题，对外交往的关心要有度。

2. 社交场合五不问

第一，收入不问；

第二，年纪不问；

第三，婚姻不问；

第四，健康不问；

第五，个人经历不问。

案例与讨论

一句话引发的……

①该案例资料来源：许湘岳《礼仪训练教程》

1945 年，年轻的王安在美国求学期间，曾想到 IBM 寻求一份实习工作。面试官员曾说："我看你，还是到哪个汽车修理厂去碰碰运气吧！"这番话让王安羞怒，也许正是此事拉开了王安与 IBM 数十载恩怨情仇的大幕。

在公司遇到困难的时候，王安想寻求合作伙伴，但是没有成功。王安也没有争取到英特尔成为自己的盟友，其由头可能追溯至早年英特尔的格鲁夫对王安的一次拜访。当时，为了促销英特尔公司的产品——不是 CPU，是一种存储器，后来成为英特尔掌门人的格鲁夫前往王安的办公室，格鲁夫把存储器样品放在王安的办公桌上，然后问："您是磁芯存储器的发明者，对于这种存储器的应用有什么高见？"王安轻轻地瞅了他一眼，低头打开手上的信件，然后回答说："如果你早先问过我这个问题，那你就不可能制造出这种部件。"这让格鲁夫感到羞辱。而且会谈期间，王安频频接电话，屡屡打断他们的会谈。格鲁夫在会晤后填写的出差报告中写道："我害怕的是我将被他那深沉的哈欠声所淹没。"后来，王安公司破产。

请从语言礼仪的角度分析这个案例对我们的启示。

习礼与训练

一、语言表达与倾听游戏

1.学员 A、B 组成一组；

2.A、B 学员分别模拟说者和倾听者

A（说者）：向 B 叙述自己生活中一件记忆深刻的事……

B（听者）：心不在焉、打岔、打哈欠……等

3.交换角色，重复上述的内容，不同的是这次听者态度认真投入，并适时给与说者反馈。

4.从语言和交谈礼仪的角度谈谈各自的感受。

二、语言拓展练习

1.为自己选择一篇朗诵材料，并为把握不准的字注音，然后：
（1）慢速阅读，做到发音准确；（2）逐渐加快速度，增强熟练程度；（3）带感情地朗读，直到感染自己。

2.将自己的朗诵练习录音，回放，点评。

任务测试

1.请为下列敬语谦辞连线：

初次见面曰	请教
请人勿送曰	失陪
请人帮忙曰	笑纳
请人解答曰	包涵
归还原物曰	赏光
中途离开曰	失迎
请人原谅曰	留步
请人收礼曰	幸会
未能亲迎曰	烦请
请受邀请曰	奉还

2.语言是人类用以_____、_____、_____的特有工具。

3.交谈礼规中的"六不谈"是指什么？

4.交谈中礼规的"五不问"是指什么？

本篇综合训练

李怡女士是 M 公司商务代表。今天公司安排她去拜访一个重要的客户，为了使她洽谈成功，并给客户留下美好的第一印象。

请您进行角色模拟，完成下列各项：

1. 为李怡女士设计：①发型和职业妆；②衬衫；③上装；④裙；⑤手提包；⑥皮鞋等形象和着装搭配。

2. 模拟可能遇到的社交场景，做出她在此场景下恰当的行为举止。

3. 商务交往中应注意哪些个人形象礼仪与规范？

4. 分组模拟，设计洽谈场景并扮演任务中双方角色，运用本篇知识点完成上述任务。

本篇综合评估

设计您的形象（男士）

（一）综合评估描述

服饰被认为是社交场合中的"第二肌肤"，它反映着一个人的社会地位、个性品位等。对职业男士们来说，得体的外表会在很大程度上帮助自己树立自信心。下面 15 个关于男士形象的问题，结合您的具体情况，同意的打"√"，不同意的打"×"：

1 您是否要等到衣服很旧了才会买新的？（　　）

2 您是否认为头发垂落到眉毛下面很有男人味？（　　）

3 您是否认为内衣只要干净就行？（　　）

4 您是否认为参加面试时系一条鲜艳的领带会显个性？（　　）

5 端坐时，您的小腿是否会露出一截？（　　）

6 在订购一套西服时，袖口上的商标是否要拆除？（　　）

7 您是否选择商家已经配好的衬衫和领带？（　　）

8 别人赠送的衬衫或领带，您并不喜欢，您是否会为了杜绝浪费而继续使用？（　　）

9. 您的发型是否多年不变？（　　）

10 您是否因为赶时间而穿拖鞋去上班？（　　）

11 是否等到皮鞋很脏时才会去擦它？（　　）

12 炎热的夏天，您是否在谈判场合选择短袖衬衫？（　　）

13 在约谈客户时，您是否会将白袜子和黑皮鞋搭配？（　　）

14 您平时佩戴的手表是否色彩夺目或造型夸张？（　　）

15 您是否喜欢色彩、图案有趣的袜子，觉得它们是一种西服与衬衣个性搭配的表现？（　　）

（二）综合评估标准和结果分析

1. 在15道题中，如果有9题以上打"√"，则表明您在塑造个人形象方面的能力欠缺。

2. 在15道题中，如果有6~9题打"√"，则表明您在塑造个人形象方面的能力一般。

3. 在15道题中，如果有6题以下打"√"，则表明您在塑造个人形象方面的能力很强。

第三篇　交际礼仪

许慎在说文解字中提出，"礼者，履（规矩）也"。掌握必需的交往礼仪知识对于提高人们的礼仪修养和个人魅力将起到积极的促进作用。人们在与他人交往的过程中，要努力以自身的实际行动，去"接受（accept）对方"、"重视（attach）对方"、"赞同（agree）对方"，通过社交礼仪架起心与心的桥梁。

本篇包含介绍、握手、名片、拜访、接待和馈赠六个任务。

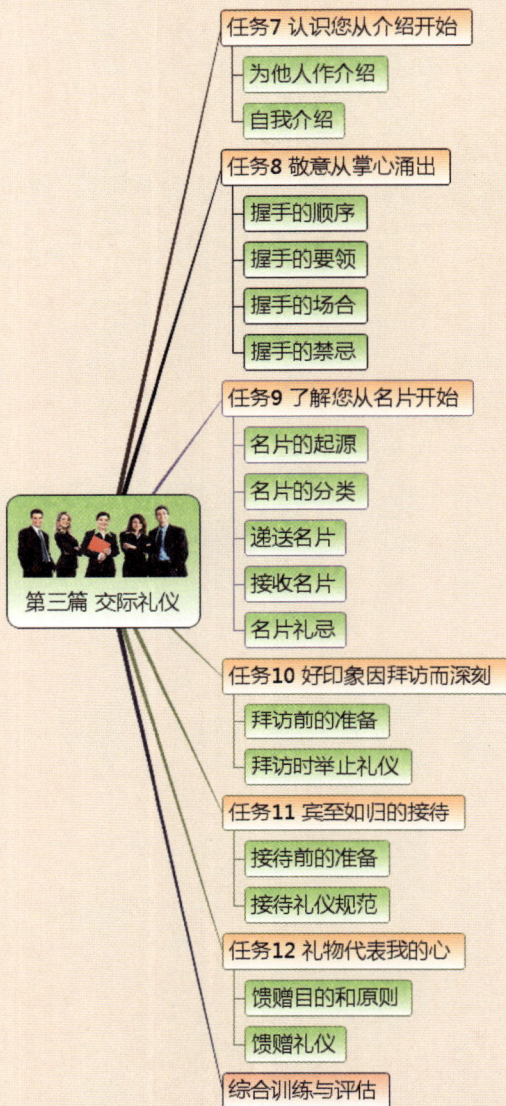

任务7 认识您从介绍开始

├ 为他人作介绍

├ 自我介绍

任务8 敬意从掌心涌出

├ 握手的顺序

├ 握手的要领

├ 握手的场合

├ 握手的禁忌

任务9 了解您从名片开始

├ 名片的起源

├ 名片的分类

├ 递送名片

├ 接收名片

├ 名片礼忌

第三篇 交际礼仪

任务10 好印象因拜访而深刻

├ 拜访前的准备

├ 拜访时举止礼仪

任务11 宾至如归的接待

├ 接待前的准备

├ 接待礼仪规范

任务12 礼物代表我的心

├ 馈赠目的和原则

├ 馈赠礼仪

综合训练与评估

【学习目标】

通过本篇的学习，学员能够：

1. 掌握日常社会交往中基本礼仪元素；

2. 掌握介绍、握手和递送名片的一般规矩和顺序；

3. 学会拜访和接待过程中的一般礼仪规范；

4. 学会日常社交活动中馈赠的一般礼仪与技巧。

■ 任务 7　认识您从介绍开始

任务引擎

ST 公司新上任秘书小美应邀参加产品部经理李卓的生日晚宴，宴会上宾客纷至，大家谈笑风生，气氛十分融洽。在这样一个场合，小美想介绍李卓经理与公司的一个重要客户——M集团张文总经理认识，您认为小美在做介绍时应注意哪些介绍的一般礼规吗？

通过本任务的学习，学员应掌握介绍的一般礼仪规范；能够灵活运用自我介绍和为他人介绍的技巧。

知书达"礼"

一、为他人做介绍

为他人做介绍，就是介绍不相识的人相互认识，或是把一个人引见给其他人。

（一）介绍的顺序

介绍的原则是，受到尊重的一方有了解对方的优先权，即介绍有先后顺序。

1. **男士介绍给女士**

如果男士为尊长，则需要把女士介绍给尊长的男士。

2. **把晚辈介绍给长辈**

优先考虑被介绍双方的年龄差异，通常适用于同性之间。

3. 将主人介绍给客人

适用于来宾众多的场合，尤其是主人未必与客人个个相识的时候。

4. 把职位低者介绍给职位高者

适用于比较正式的场合，特别适用于职业相同的人士之间。

5. 把迟到者介绍给先到者

适合于多种集会场合，出于对先到者的尊重。

6. 把家人介绍给朋友和同事

当家人和同事相遇时，一般是先将家人介绍给同事或朋友。

（二）介绍人角色

介绍人角色在不同情况和不同场合需要由不同的人来担任。

在公务活动中，公关人员是最适当的介绍人人选。

在接待贵宾时，介绍人应是本单位职位最高的人士。

在社交场合中，例如参加舞会、出席宴会时，介绍不相识的来宾相互认识，是主人义不容辞的责任。

（三）介绍人陈述

一般来说，介绍人陈述的内容宜简，内容通常为：姓名加上尊称、敬语，同时还可以辅以手势，例如：先向赵女士说"赵女士，我向您介绍一下，这位是何先生……"，再向何先生说"何先生，这位是赵女士……"。

二、自我介绍

正确利用介绍，不仅可以扩大自己的交际范围，广交朋友，而且有助于自我展示、自我宣传，在交往中消除误会，减少麻烦。

自我介绍应谦逊、简明，把对对方的敬慕之情真诚地表达出来。

1. 应酬式

方式最简洁，往往只包括姓名一项即可。如"您好！我叫×××。"适合于一些公共场合和一般性的社交场合，如途中邂逅、宴会现场、舞会、通电话时，对象主要是一般接触的交往人。

2. 工作式

包括本人姓名、供职的单位以及部门、担负职务或从事的具体工作等三项。

3. 交流式

又称社交式，是一种寻求与交往对象进一步交流的沟通，希望对方认识、了解自己，与自己建立联系。包括本人姓名、工作、籍贯、学历、兴趣以及与交往对象的某些熟人的关系等。

4. 礼仪式

表示对交往对象友好、敬意的自我介绍。适用于讲座、报告。

案例与讨论

对本任务引擎中的案例进行讨论，小美在李经理的生日宴会上应如何向经理介绍那位重要的客户，为什么？

习礼与训练

分组练习不同情况下的自我介绍和介绍他人；交换角色重复练习。

1. 您选用了哪种自我介绍的方法？体会语言和手势的使用。
2. 请列出您在练习中体会到的介绍礼应注意的问题。

任务测试

1. 介绍时谁先主动的原则是指_____有了解对方的优先权。
2. 自我介绍有哪几种形式？
3. 一般社交活动中，我们先向男士介绍女士，是否正确？
4. 当男士为尊时，我们先向男士介绍女士，是否正确？
5. 工作时介绍主要包含_____、_____、_____。

■ 任务 8　敬意从掌心涌出

销售部新员工迈克按部门主管要求到开发部经理艾玛办公室了解公司产品性能。迈克第一次见到艾玛经理一边问候一边热情主动地伸出手与艾玛经理握手……您认为这个案例中，迈克是否有失礼之处？一般交往握手应注意哪些礼规？

通过本任务的学习实践，掌握社交活动中握手的礼规；正确把握握手的顺序、场合与禁忌，以免在社交活动中失礼。

知书达"礼"

在不同的历史时期、不同的文化背景之下，人们所采用的会面礼节往往千差万别。为人们所熟知的会面礼节，就有点头礼、举手礼、致意礼、脱帽礼、握手礼、拥抱礼、亲吻礼、鞠躬礼、合十礼、吻手礼、碰鼻礼、拱手礼、叩头礼、跪拜礼、屈膝礼等等。当前，在中国乃至世界各国最为通行的会面礼就是人们在日常生活中经常采用的握手礼。

一、握手的顺序

根据礼仪规范，握手时双方伸手的先后次序，应当在遵守"尊者决定"原则的前提下，具体情况具体对待。

（一）社交、休闲场合

1.社交场合年长者与年幼者握手，一般年长者先伸出手，年幼者才伸手相握。

2. 社交场合女士与男士握手时，一般女士先伸出手，男士才伸手相握。

3. 在客人前来拜访时，主人应先伸出手表示欢迎。

4. 离别之际应该客方先伸手握别，其意在于表达"再见"或对接待的感激之情，作为主人则不要主动握手，此时主动握手有催促客人之嫌。

5. 社交场合先至者与后来者握手，一般由先至者先伸出手。

（二）商务、公务场合

在商务、公务场合，握手的先后顺序主要取决于职位、身份，职位高者先出手。

二、握手的要领

握手时，距对方约 70 厘米，上身稍向前倾，两脚立正，伸出右手，四指并拢，虎口相交，掌心相握。一般时间为 3~4 秒，力量适度。当然，在不同场合、面对不同的交往对象时，握手的礼规也要灵活运用。

三、握手的场合

1. 遇到较长时间没见面的熟人时；

2. 在社交场合与认识的人道别时；

3. 在本人作为东道主的社交场合，迎送来访者时；

4. 拜访他人后辞行时；

5. 被介绍给不相识的人时；

6. 在社交场合，偶然遇上亲朋故旧或上司时；

7. 得到他人的支持、鼓励或帮助时；

8. 对他人表示感谢、恭喜、祝贺时；

9. 对他人表示理解、支持、安慰、肯定时；

10. 向别人赠送礼品或颁发奖品时。

四、握手的禁忌

行握手礼时应合乎礼规，避免下述失礼的禁忌。

1. 不要用左手相握，尤其是和阿拉伯人、印度人打交道时要牢记，这是当地礼俗的禁忌。

2. 和基督教信徒交往时，要避免两人握手时与另外两人相握的手形成交叉状。

3. 握手时不要戴着手套、墨镜，除了女士在社交场合戴着薄纱手套握手是被允许外，其他则被视为失礼。

4. 握手时另外一只手不要插在衣袋里或拿着东西。

5. 握手时应微笑，不要面无表情、不置一词或长篇大论、点头哈腰，过份客套。

案例与讨论

玛丽·凯化妆品公司创始人玛丽在当推销员时，在一次公司会议结束后排队等了3个小时才轮到她与经理见面。

但经理在同她握手时都没瞧她一眼只是看她身后的队伍还有多长。

善良的玛丽理解他一定很累，可自己也等了3小时同样很累呀！自尊心受到伤害的玛丽暗下决心：如果有那么一天有人排队等着同自己握手，一定要把注意力全集中在对方身上——不管自己多累。

她后来多次站在队伍前面同数百人握手，无论多累，她总是牢记当年所受到的冷遇。

她总设法同对方说点亲切的话"我喜欢您的发型"，"您穿的衣服很漂亮"。

"三A"原则
Accept 接受
Attach 重视
Agree 赞同

她在握手时总是全神贯注，使数百人都觉得自己是最重要的。她的公司就这样成为世界著名的护肤品和彩妆直销企业之一。

1. 请分析以上案例，您从中得到什么启示：

2. 分析该案例中体现出的交往"3A"原则。

习礼与训练

看视频学礼仪：观看《窈窕绅士》视频片段；

请观察影片中主人公面对不同对象用了几种握手方式。

任务测试

1. 握手的顺序，一般遵循_____先伸手的原则。

2. 在公司的晚会上，王先生遇到了一位女客户林女士，于是伸出双手高兴地迎上前跟林女士用力握手，表示欢迎。您认为王先生是否失礼？

3. 什么情况下握手可以戴手套？

4. 握手时，上身_____，两足_____。

5. 在客人前来拜访时，_____应先向_____伸出手，用以表示欢迎。

■ 任务9 了解您从名片开始

任务引擎

一张小小的名片在向我们传递着什么？
名片虽小，空间乃大，
它是社交的备忘录。
名片虽小，内涵乃深，
它是友情的记忆板。
名片虽小，运用乃广，
彰显的是个性魅力、文化精神。

通过本任务的学习，学员能够掌握名片设计要素，能够策划体现个人或公司特点的富有特色的名片；并能正确规范的使用名片，以免在社交场合和商务活动中失礼。

知书达"礼"

随着社会的发展，名片成为人们互相认识、交往的一个重要媒介和工具，是人们进行商务活动的必备品，社交场合的介绍信、联谊卡，是推广自己企业形象、介绍业务职务、产品服务的联络方式，几乎成为人们的"随身档案"。

一、名片的起源

中国名片最早出现于战国时期，被称作"谒"。东汉末年，人们活动日趋平凡，竹片、木片被纸代替，称谓由"谒"（ye）变成"刺"（la）；到了唐朝，科举盛行，称谓演变为"门状"；明朝演变为"名帖"。现代名片的规格一般为10厘米长、6厘米宽，或略小。世界各国名片规格也不统一，如我国名片规格通常为9厘米×5.5厘米。制作名片的材料更是多种多样，常用的有布纹纸、白卡纸、合成纸、皮纹纸等等。

二、名片的分类

名片的分类方式很多，一般按名片用途可分为：

1. 社交名片

一般只印姓名、地址、邮政编码、电话号码。

2. 公务名片

在政府交往、公司交往、学术交往及办公事的时候使用的名片，它需要提供较为丰富的资讯，一般不提供私宅电话，不提供移动电话，头衔要少而精。

公务名片主要包含三个内容：

（1）称谓。包括自己姓名，职务，学术性、技术性头衔。

（2）归属。包括单位名称、所在部门、企业标志。

（3）联络方式。包括单位地址、办公电话、邮编。

3. 商业名片

正面与公务名片相同，背面印上单位经营项目等。

三、递送名片

在社交场合，名片是自我介绍的简便方式。递送时应遵守下列一般规范：

1. 交换名片的顺序。一般由职位低者先递送，当与多人交换名片时，应依照职位由尊而卑，或由近及远，依次进行，切勿跳跃式地进行，以免对方误认为有厚此薄彼之感。

2. 需要递送名片时，应起身站立，走到对方面前，面带微笑，眼睛友好地注视对方，双手将名片正面朝向对方送上。若是外宾，最好将印有英文的一面朝上，以示尊重。

3. 将名片递送给对方时，应同时作口头的介绍和问候。在尚未弄清对方身份时不应急于递送名片。

四、接受名片

1. 接受他人名片时应态度谦恭、起身站立、面带微笑、目视对方。

2. 双手接过他人名片，同时上身微前倾、点头致意并表示感谢。

3. 接过名片后，应认真看一遍，以示尊重。切忌接过名片一眼不看就立即收起，或随意摆弄、扔在桌上。应将名片认真地放在重要稳妥的地方，让对方感觉到对他的重视。

4. 收起对方名片后递上自己的名片，如果没有或没带名片，应向对方说明原因，并表示歉意。

5. 交换名片时，一般地位较低或是来访的客人要先递出名片。如果对方来的人多，应先与主人或地位较高的人交换。

五、名片礼忌

1. 残缺折损的名片不使用；

2. 名片不宜涂改；

3. 名片上，职务、头衔不超过两项，头衔过多则有卖弄、炫耀之嫌；

4. 不要把名片当作传单随意散发；

5. 不要随意把玩他人的名片。

📚 案例与讨论

2011 年 6 月，在某地召开的全国糖酒会上，MD 公司的梅总看到了久闻大名的某集团吴董事长。晚餐会上，梅总主动上前做自我介绍，并递给了对方一张名片。吴董事长接过名片，马虎地看了一眼，就放在桌子上，继续用餐。

1. 运用所学礼仪知识分析点评，梅总和吴董事长的做法是否妥当，为什么？

2. 拓展：结合案例进行小组讨论，名片在当今商业交往中的重要作用。

习礼与训练

1. 结合本任务学习的内容，公务名片上应有哪些元素？

2. 利用 office 工具，为自己设计一款公务名片。

任务测试

1. 社交名片上应有哪些元素？为自己设计一款社交名片。

2. 我国现代名片规格通常为_____。

3. 本任务将名片按用途分为几类？请说出您了解的其他的分类方法。

4. 请简述接受名片的礼仪。

5. 名片交换的顺序一般是什么？

■ 任务 10　好印象因拜访而深刻

　　郑先生是某企业的总经理，他获悉一家外资企业 BF 公司董事长吴女士正在本市考察并有寻求合作伙伴的意向，于是请有关人员牵线搭桥，对方也表现出合作的兴趣。郑先生得到消息非常高兴，立刻根据自己对时尚的理解打扮一新，上穿名牌 T 衫，下穿牛仔裤……他希望能给对方留下精明强干、潇洒时尚的印象。当他兴致勃勃来到吴女士下榻的酒店，敲开房门时，对方一时愣在那里……

　　您认为郑先生这次的拜访准备充分吗？您能为他列一张拜访的礼仪清单吗？

　　通过本任务的学习，能够掌握社交和商务活动中拜访的一般礼仪规范；学会拜访预约和拜访交谈的一般技巧，以避免在拜访中失礼失仪。

知书达"礼"

一、拜访前的准备

（一）拜访之前的预约

　　无论是走亲访友还是公务拜访，一定要事先预约，事前与被访者电话联系，以防突然造访给别人带来不便。

　　预约的关键是要选定拜访时间，应以不干扰对方的正常工作和生活为原则。主要包括电话预约和信件预约两种形式，切忌搞突然袭击，做不速之客，如果确实因为事情紧急而迫不得已，或无法预约而做了

"不速之客"，则应在相见时详细说出事情的原委，表达自己的歉意，求得对方的谅解。

联系的内容主要有三点：

1. 自报家门（姓名、单位、职务）；

2. 提出访问的内容（有事相访或礼节性拜访）使对方有所准备。

3. 与被访者商定具体拜访的时间、地点。

注意要避开吃饭和休息时间。一般说来。公务性拜访的预约时间最好错过周一上午、周五下午和每天上下班前后一小时的时间。约定拜会时间后，就不能随意更改。如有特殊原因需要推迟或取消拜会，应尽快打电话通知对方并说明原因。

（二）拜访之前的准备

拜访者在拜访之前，要制定拜访目标，准备名片，准备相应的资料，选择合适的礼品，熟悉交通路径。

拜访者应根据访问的对象和目的不同，选择适当的着装和妆容，以形象地反映出你对被访者的尊重。

如拜访的地点设在对方的办公区域，则应着正装或所在单位的制服，既代表了单位的形象，又传递出"你很重视这次拜访"的友好信息，使其愿意与你合作。

二、拜访时的举止礼仪

（一）礼貌敲门

不管是到拜访对象的家里还是办公室，事先都要敲门或按门铃，等到有人应声允许进入或出来迎接时方可进去。不打招呼就擅自闯入，即使门原就开着，也是非常不礼貌的。敲门用食指，力度适中，间隔有序敲三下，等待回音。如无应声，可再稍加力度，再敲三下。

（二）举止礼仪

1. 到达拜访地点

如果与接待者是第一次见面，应主动递上名片，或作自我介绍。如果被拜访者因故不能马上接待，应安静地等候。

2. 礼貌就座

进屋随主人招呼入座时，要注意姿势，不要太过随便。若是业务关系，此时应先问候主人，然后问候其他客人并礼貌地递送名片。当主人斟倒茶水时，应从座位上欠身，双手捧接，并表示感谢。吸烟者应在主人敬烟或征得主人同意后，方可吸烟。

3. 交谈内容及时间

（1）与被拜访者谈话要开门见山，不能海阔天空，浪费他人时间。

（2）注意称呼，遣词用字、语速、语气和语调。在会谈过程中不打电话或接电话，不谈私人问题。

（3）注意观察被拜访者的举止表情，适可而止，当被拜访者有不耐烦或有为难的表现时，应转换话题或口气。同时，交谈要保持微笑。

4. 礼貌告辞

注意把握辞行时机。拜访时间不宜过长，一般谈完事之后即应告辞。顺访一般不超过20分钟，专访一般不超过一个小时。

作为客人，还应注意主人谈话的内容、情绪和环境的变化，如果主人谈话兴致正浓，交谈时间可以适当延长，反之则要短一些。

在告辞的时候，不要忘记谢谢主人，这是一种应有的礼貌。起身告辞时，要向主人表示"打扰"之歉意。出门后，回身主动伸手与主人握别并说"请留步"。待主人留步后，走几步，再回首挥手致意说"再见"。

📚 案例与讨论

滔滔不绝引来的失礼——

周宇因业务关系去拜访某公司经理，上午九点他着职业装如约到达经理办公室……

在谈完业务之后，周宇很放松的和经理聊起了家常，他滔滔地说着，突然发现经理看了一下表，并变换了坐姿，张宇意识到自己过多地占用了经理的时间，便很快结束了自己的话题，起身告辞，并随手摆好凳子，拿走自己的水杯。

出来后周宇很懊恼，感觉自己很失礼。

讨论：周宇在拜访中的行为哪些是合礼的，哪些是失礼的？结合这个案例列出拜访中应注意的礼规。

习礼与训练

情景模拟：登门拜访客户

1.活动背景

林是某公司销售部的新人，明天上午他将第一次单独登门拜访客户，对此心中有些紧张，于是下班后约同事明一起出去喝茶，为他介绍一些拜访客户的经验。

2.规则和程序

与 1 位同学组成学习小组：

角色：林、明

要求：按照任务内容设计模拟情节和脚本，分角色模拟拜访过程，要求言行符合规范；时间控制在 15 分钟左右。

任务测试

1．公务性拜访的预约时间最好错过_____、_____和每天上下班前后一小时的时间。

2．拜访时间不宜过长，顺访一般不超过____分钟，专访一般不超过_____。

3.拜访预约的关键是什么？

4．如果到达拜访对象家里或办公室时，房门刚好开着则可以直接进入打招呼吗？

5.拜访时一般提前_____分钟到达。

■ 任务11 宾至如归的接待

任务引擎

JD 公司的若曦刚入职不久，她在公司办公室负责接待。周一上午刚上班，人力资源部吴部长打电话通知她下午将有一位重要的供应商李先生前来拜访和参观。请您帮助若曦列一份接待客户的流程与"礼仪清单"。

通过本任务的学习，使学员能够掌握社交和商务活动中接待的一般礼仪规范；学会接待的一般流程和接待交谈的一般技巧，以避免在接待活动中失礼失仪。

知书达"礼"

我国素有"出迎三步，身送七步"的迎送客之礼。无论是单位还是个人在接待来访者时，都希望客人能乘兴而来，满意而归。为达到这一目的，在接待过程中一定要遵循平等、热情、礼貌、友善的原则。接待一般分为居家接待和公务（商务）接待，居家接待将在"任务13 家庭应酬礼仪"一节中介绍，本任务主要介绍公务（商务）接待的一般礼仪。

一、接待前的准备

1. 接待计划与规格

接到公司领导通知或相关部门来访预约时，对来宾接待，应了解来宾基本情况：来宾职务、来访具体时间、人数、本地逗留日期、目的和要求等。在这基础上拟定接待计划，排出日程安排表，根据客户的具体情况确定具体的接待规格和标准。

2. 确定人员与地点

根据来宾情况按计划通知参加会晤的领导、陪同人员、落实会晤时间及场所。

3. 来访人员吃、住、行的安排

根据来宾情况，提前按接待标准预定好宴请来宾的酒店；如有需住宿的来宾，提前按接待标准为其预约好下榻酒店；根据情况安排接待所需车辆，保证车辆清洁，安全性能良好，接送人员协助商务部接待人员，统一调度。根据情况安排来宾用餐酒店、参观考察路线，以及应根据情况提前为客人购买车票及机票。

4. 会场与布置

根据会议需要安排会场及布置，如花卉、水果、烟茶、音响设备、投影设备、领导席签、横幅、制作欢迎牌、指示牌，安排礼仪人员及现场摄影摄像人员等。

二、接待中的礼仪规范

1. 仪表：面容清洁，衣着得体。

2. 举止：稳重端庄，从容大方。

3. 言语：语气温和、礼貌文雅。

4. 态度：诚恳热情，不卑不亢。

5. 迎接来宾：要注意把握迎候时间，提前等候于单位（公司）门口或车站、机场，接待人员引见介绍主宾时，要注意顺序。

6. 接受名片：要以恭敬的态度双手接受，默读一下后郑重收入口袋。

7. 引领：通常走在客人的左前方，配合客人脚步，并说"这边请"。

8. 进电梯时：要注意先后秩序（见"任务14"相关内容）。

9. 座谈：客人落座后，要以双手奉茶，先客人，后主人；按职务从高到底的顺序。

10. 礼貌送客：客人提出告辞时，主人应婉言相留，如客人执意要走，也要等客人起身告辞时，主人再站起来相送。若送至单位或公司门口，与客人说"再见"或"欢迎下次再来"；招手待客人远去，方可离开；若送到车站、机场或码头，则应等火车、飞机、汽车或轮船开动至视线之外再离开较为妥当。

案例与讨论

1962年，周总理到西郊机场为西哈努克和夫人送行。亲王的飞机刚一起飞，我国参加欢送的人群便自行散开，准备返回，而周总理却依然笔直地站在原地未动，并要工作人员立即把那些离去的同志请回来，并对相关同志进行批评。

请结合所学内容对此案例进行分析：

1. 此案例对你有哪些启示？

2. 送行人员的哪些行为不符合礼仪规范？应怎样做？

习礼与训练

某公司要来一位考察的供应商。在此之前，他曾发来传真，要求该公司定好旅馆等，但因传真上未写明需要安排接送车辆，新来的秘书就没有安排。而客人却按照惯例认为应该安排妥当，于是他下飞机后就等车来接，可是很久都没等到，于是他自己先回宾馆，第二天一早就返回了，并一气之下取消了原定给该公司的配件供应。

如果您是那位秘书，应怎样安排接待供应商？

任务测试

1. 您认为对远道而来的客人直接到他下榻的宾馆门口迎接是否妥当？

2. 敬茶时应遵循_____。

3. 接待外国客人时，为增进了解，您可以选择客人所在国家的政治局势为话题，这种做法是否妥当？

4. 外地老同学来访，您一般如何接待？

（提示：从迎接、招待、交谈等方面讨论）

5. 家里突然有客人到访，请客人入座后，抓紧把没来得及清洁的客厅清扫一下，这种做法是否妥当？

■ 任务12　礼物代表我的心

任务引擎

KZ公司李总计划先后赴美国和英国进行业务考察。为进一步提升公司形象，促进海外业务发展，请助理小林帮助准备馈赠贸易伙伴的礼物。

小林该从哪些方面考虑选择礼品呢？

馈赠是指人们在交往过程中通过赠送给交往对象礼物来表达对对方的尊重、敬意、友谊、纪念、祝贺、感谢、慰问、哀悼等情感与意愿的一种交际行为，可增加理解，加强友谊。

通过对本任务的学习，掌握馈赠的原则，并在不同场合中灵活应用。

知书达"礼"

一、馈赠目的和原则

（一）馈赠的目的

"礼物代表我的心"，社交活动中馈赠的目的主要是沟通感情、保持联系、体现馈赠者的修养和诚意。

（二）馈赠礼物的选择原则

针对性

　　一要因人而异。根据不同的对象选择不同的礼品，满足不同的需要。礼品不在价值高，而在受礼人喜爱；二要因事而异。在不同情况下，向受礼人赠送不同礼品

差异性

　　不同国家和民族有不同的文化传统，也就有不同的文化禁忌。一件礼品在中国受欢迎，在其他国家也可能是忌讳的

馈赠礼品四个原则

纪念性

　　礼品重纪念、重情谊，不重价值。纪念性是指礼品要与一定的人、事、环境有关系，让受礼人见物思人、忆事。要有一定的寓意

民族性

　　"越是民族的东西，就越是世界的。"每个民族、国家都有自己独特的文化传统和特点。"物以稀为贵"，送礼时的"贵"是珍贵，不是价值贵

二、馈赠礼仪

（一）馈赠的六要素（5W+1H）

要素	描述
Who	馈赠对象：性别年龄、职位身份、性格喜好
Why	馈赠目的
What	馈赠内容:赠物(鲜花、卡片、纪念品等)和赠言(书面留言、口头留言、临别留言、毕业留言等)。 1.根据礼品的象征意义选择 A.公司庆典一般送鲜花； B.慰问病人可以送鲜花、营养品、书刊； C.朋友生日送卡片、蛋糕； D.节日庆祝送健康食品、当地特产； E.旅游归来送人文景观纪念品、当地特产； F.走亲访友送精致水果、糖酒食品。 2.根据馈赠对象选择礼品 A.考虑彼此的关系现状； B.了解受赠对象的爱好和需要（如给书法爱好者送文房四宝、给音乐爱好者送乐器）； C.尊重对方禁忌（如个人禁忌、民俗禁忌、宗教禁忌、伦理禁忌）。 3.根据民族地域特点选择礼品； 4.根据馈赠价值选择礼品。
When	赠送的时机： 1.时间和时机：结婚、生子、乔迁、晋升、受挫、生病住院、表示感谢。 2.控制好送礼的时限。一般以简短为宜，说明意图及礼品解释即可。 3.注意时间忌讳。不必每逢良机必送，使礼多成灾。
Where	馈赠礼品的场合：表示谢意、敬意、祝贺庆典、公共关系礼品、祝贺开张开业、适逢重大节日、探视病人、应邀家中做客、遭受不测事件。
How	馈赠方式：可以采用亲自赠送、托人赠送、邮寄运送等方式，当面馈赠时应仪态大方地说明意图、介绍礼品。

（二）礼品的包装

包装	描述
包装材料	注意包装材料、容器、图案造型、商标、文字、色彩的选择和使用，应符合政策法规和习俗惯例，不要违反受赠方的宗教、民族禁忌。
数字禁忌	注意数字禁忌。如日、韩等国不喜欢"4"，而欧美等一些国家不喜欢"13"。
色彩	注意色彩。如日本忌绿色，喜红色；美国人喜欢鲜明的色彩，忌紫色；而信奉伊斯兰教的人们不喜欢黄色等。

（三）受赠礼仪

（1）受赠者应在赞美和夸奖声中收下礼品，并表示感谢。

一般应赞美礼品的精致、优雅或实用，夸奖赠礼者的周到和细致，并伴有感谢之词。

（2）双手接过礼品，视具体情况或拆看或只看外包装，还可请赠礼人介绍礼品功能、特性、使用方法等，以示对礼品的喜爱。

（四）拒绝礼品的礼仪

对于不宜接受的礼物应予以拒收，拒收礼品时，应保持礼貌、从容的态度，先向对方表达感谢之情，再向对方详细说明拒收的原因。

案例与讨论

亲爱的读者，您一定知道"麦琪的礼物"这个故事。网上搜索收听配乐故事《麦琪的礼物》，您从这个故事中得到什么启示？

《麦琪的礼物》是美国著名文学家欧·亨利的一篇短篇小说。

习礼与训练

请网上查阅相关资料，完成下列任务：

1. 外贸公司李总先后赴美国业务考察，为提升公司形象，促进海外业务发展。请为李总选择馈赠礼品：

2. 请您回忆自己生活或工作中的一次馈赠（或接受）经历并进行馈赠"六要素"描述、分析。

3. 请网上查阅送花礼仪等拓展学习资料，了解送花礼仪和花语，将左侧的花与右侧的花语进行连线。

玫瑰花 　　　　　　健康长寿

龟背竹 　　　　　　永结同心、吉祥如意

白色百合 　　　　　　热爱、热情

马蹄莲 　　　　　　纯洁、庄严、心心相印

任务测试

1．"赠送他人礼品时，应注意当面赠送并且礼品越贵重越好。"这句话是否正确，您的见解是？

2．"千里送鹅毛，礼轻情意重"表达了怎样的含义。

3．在接收馈赠时中外"有别"吗？

4．馈赠的六要素（5W+1H）中1H指什么？

5．馈赠礼仪六要素"When"包含哪些内容？

本篇综合训练

情景剧：A公司造访B公司（两个场景）

角色饰演：

A公司副董：谷总

采购经理：向经理

业务主管：宋主管

B公司副董：夏总

业务经理：李经理

业务主管：董主管

旁白

剧本说明：我们以接待礼仪为内容，编排了这场情景剧，涵盖了介绍礼、握手礼、上车就座礼、引导礼、电梯礼等内容。以参与式教学形式表现社交礼仪在商务活动中的重要性。

旁白：A公司是一家知名汽车制造商，B公司是汽车玻璃生产商。此次接洽参观活动。

场景：接待与参观

（B公司人员在B公司门口迎接A公司一行人）

夏总：谷总，您好，一路辛苦了！（主动伸手）

谷总：夏总好！（握手）

夏总：这是我们李经理。（作介绍手势）

谷总：你好！（主动伸手）

李经理：谷总好！（握手）

夏总：这是我们董主管。（作介绍手势）

谷总：你好！（主动伸手）

董主管：谷总好！（握手）

谷总：夏总，这是我们公司的向经理和宋主管。

旁白：夏总分别和向经理，宋主管握手问好。之后……

夏总：各位请进公司。（作引导势，其余人随后）

这是我们公司生产线车间，让董主管为您介绍一下。（手势示意董主管）

董主管：这是我们公司产品资料，请各位参考。（将文件夹里的资料从高到低分发给A公司人员，A公司人员各自道谢）

请大家随我来。我公司产品以夹层钢化玻璃为主，夹层玻璃是用一种透明可粘合的塑料贴在二三层之间。钢化主要增强玻璃的强度，这样一来，塑料的韧性与玻璃的坚硬就结合在了一起。我公司汽车玻璃主要有以下特点：耐热，耐寒，耐光，耐湿，安全性能好……具体情况就是这些。

（董主管以引导手势作介绍）

（期间夏总与谷总共同就某一设备小声交谈，并不时与董主管眼神交流，余人随后）

夏总：谷总，贵公司对于我公司还有其他情况要了解的吗？

谷总：向经理，你有什么问题吗？（回头转向向经理）

向经理：我公司近期有扩大规模的计划，不知到时贵公司的供应量能否跟得上？

李经理：对于这个问题贵公司尽可放心，我们正在筹建一条新的生产线，资金已经到位，设备供应商正在选取中，预期于明年 5 月 1 日前投入生产。

谷总：宋主管，你呢？感觉如何？

宋主管：呃……就目前来说还没什么问题。

谷总：贵公司整体情况我们很满意，具体需要我们回去商议一下。

夏总：我们真诚希望能有机会与贵公司合作。参观了这么久，辛苦谷总了，先且送您去酒店稍事休息再谈，好吗？

谷总：好的，谢谢！

场景二：电梯间

（董主管先行一步前去开电梯，谷总与夏总其次，余人随后）

董主管：请进！（鞠躬作邀请姿势）

夏总：谷总，请！（作引导势）

谷总：谢谢！（先行进电梯，夏总随后，余人顺序进入）

旁白：十五楼到！

夏总：谷总，请！（作引导势）

谷总：谢谢！（先出电梯，夏总其次，余人顺次出）（剧终）

1. 阅读以上情景剧，列出其中包含了哪些礼仪元素：

2. 分小组模拟情景剧全过程。

（可将模拟过程拍摄微视频，回放、观摩、点评）

3. 结合生活工作场景，编写一幕包含 5 个以上社交礼仪元素的情景剧脚本。

本篇综合评估

接待礼仪综合能力评估

（一）评估描述

学员观看教学资源包文件 xl3-1.flv，学习介绍、问候、握手等基本礼仪元素，体会动作要领。将接待礼仪元素组合，结合生活与工作场景，编排角色模拟，按小组进行演示，有条件的学习者，可将过程拍摄照片、微视频，回放进行点评。

元素	评估内容	分值	自评	组评
握手	动作准确、自然大方	10		
	注意礼仪规范	10		
鞠躬	鞠躬礼动作规范	10		
	微笑、语言、眼神的和谐	10		
介绍	仪态端正，手势正确	10		
	次序、原则运用准确	10		
递接物	递、接动作准确	10		
	注重礼仪规范	10		
综合	以上元素的综合运用	20		
合计		100		
最后得分（平均）				

（二）评估标准与结果分析

综合得分	综合能力评估
综合得分 ≥ 85	能熟练应用"见面礼"的礼仪礼规
70 ≤ 综合得分 <85	具备见面礼仪操作的能力
60 ≤ 综合得分 <70	具备见面礼仪操作的基本能力
综合得分 <60	还要多加练习和运用

第四篇　生活礼仪

　　生活中的礼仪是人际交往中表示尊重友好的基本行为规范和方式，体现人们社会交往过程中的涵养、素质和交际能力，生活之礼和谐家庭、邻里关系，生活之礼是打开幸福的开关。

　　本篇教学内容包含家庭、出行和公共场所礼仪等教学任务。

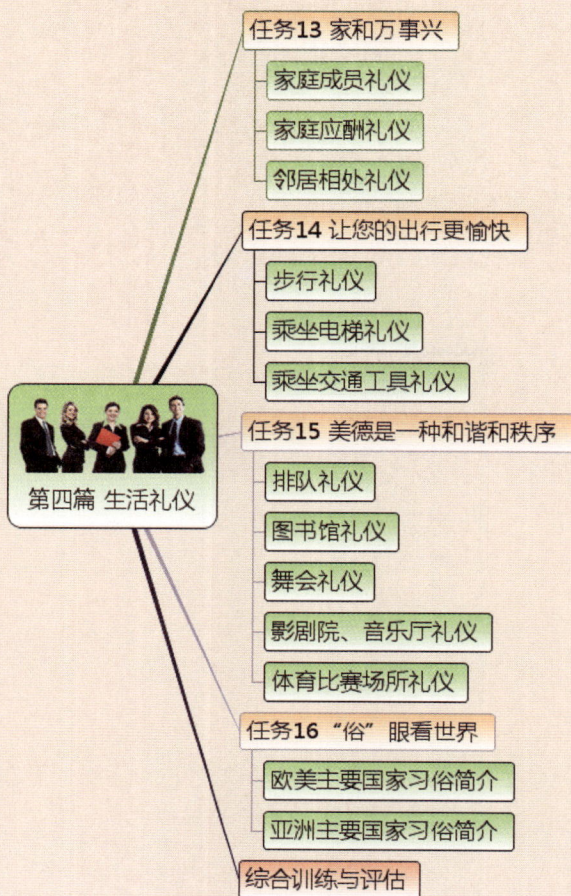

任务13 家和万事兴

家庭成员礼仪

家庭应酬礼仪

邻居相处礼仪

任务14 让您的出行更愉快

步行礼仪

乘坐电梯礼仪

乘坐交通工具礼仪

任务15 美德是一种和谐和秩序

排队礼仪

图书馆礼仪

舞会礼仪

影剧院、音乐厅礼仪

体育比赛场所礼仪

任务16 "俗"眼看世界

欧美主要国家习俗简介

亚洲主要国家习俗简介

综合训练与评估

第四篇 生活礼仪

【学习目标】

通过本篇的学习，学员能够：

1. 掌握日常生活环境基本礼仪元素；
2. 学习家庭成员、邻里之间相处的艺术；
3. 学习出行中的一般礼仪常识并能灵活运用；
4. 了解欧美和亚洲主要国家礼仪礼俗。

■ 任务 13　家和万事兴

您认为《三字经》中关于家庭礼仪的古训如今还具有现实意义吗？

　　我国传统的家庭的道德标准是：人际和睦，勤俭持家，艰苦朴素，讲究礼仪。这是巩固和维护家庭正常关系的纽带，也是增强凝聚力和工作、学习效率的强大精神支柱。通常所说的："父子和而家不败，兄弟和而家不分，乡党和而争讼息，夫妇和而家道兴。"可见，"和"（互相谦恭有礼）是关键。通过对本任务的学习，学员能够学会感恩、宽容，灵活运用家庭礼仪规范，使家庭成员生活更加和睦，邻里关系更加和谐。

知书达"礼"

　　家庭礼仪，指人们在长期的家庭生活中，用以沟通思想、交流信息、联络感情而逐渐形成的约定俗成的行为准则和礼节、仪式的总称。

　　"相敬如宾、白头偕老"阐明的就是夫妻间也要有礼节才能幸福一辈子的道理。"父子和而家不败，兄弟和而家不分，乡党和而争讼息，夫妇和而家道兴"，可见"和"是关键。这个"和"用今天的话来解释，也就是相互谦恭有礼的意思。

　　家庭礼仪在现代社会生活中发挥着重要的作用，是维持家庭生存和实现幸福的基础，能调节家庭成员之间的和谐关系，也有助于社会的安定、国家的发展。

一、家庭成员礼仪

（一）父母子女相处之礼

1. 身教重于言教

父母是孩子的第一位老师。父母的言行举止对子女所起的潜移默化的作用是十分巨大的。父母的文化素养、性格爱好，对于子女的自制力、思维灵活性、思维水平、求知欲等方面的发展，有着相当大的影响。父母要做到：孩子在场时不要争吵；不要对孩子撒谎；父母之间相互谦让，互相体谅；孩子提出的问题，父母要尽量给以答复；孩子的朋友来家里做客，父母要表示欢迎，体现对孩子应有的尊重。

2. 父母爱子（女）应得当

有些父母仅仅以"爱心"来感化孩子，结果"慈爱"过度，变成了溺爱，这样不但不利于孩子的成长，反而易造成孩子没有担当，以自我为中心的后果。

3. 创造良好的家庭环境

进入信息化社会后，行业竞争日趋激烈，人们的生活节奏越来越快，竞争意识也越来越强。细心的家长不仅关心子女的衣食住行，而且格外重视他们的成长和进步。一般说来，青年人更喜欢自由、宽松的生活、学习、工作环境。因此，作风民主、开明的父母要多与子女沟通，少一点命令，多一些理解，在家庭生活中尽量给孩子创造较宽松的氛围。父母应挤时间和孩子在一起，相互理解，多鼓励孩子，树立孩子的自尊和自信心，教育子女要善于抓住时机，采取正确有效循循善诱的方法，否则不但解决不了问题反而使子女产生逆反心理。

（二）子女对父母应有之礼

世界上有一种爱，亘古绵长、无私无求，不因季节更替，不因名利浮沉，这就是父母的爱！善待自己的父母，他们永远是最爱我们的人。

1. 孝顺父母

"百善孝为先"，孝顺长辈是中华民族的千古美德，是一个人应尽的义务之一。

对父母的养育之恩以"反哺"相报，乃是做儿女的天职。孝敬父母不仅指物质上、生活上的扶助和照料，还包括精神上的慰藉。

2. 敬重父母

子女对待父母，当以敬重为先，认真做到言行一致，表里如一。与父母讲话、办事时，要讲礼貌，守规矩，时时刻刻按照礼仪规范行事。

（三）夫妻之礼

对于家庭来说，夫妻关系的好坏，常常是生活幸福与否的关键。夫妻在家庭生活中朝夕相处，若要保持爱情甜蜜，就应当讲究夫妻相处礼仪。中国有一对相敬如宾的夫妻，堪称夫妻的楷模，这对令人敬佩的夫妇就是周恩来和邓颖超。他们从几十年的恩爱生活中总结出夫妻相处的宝贵经验——"八互"，即互敬、互爱、互学、互助、互让、互谅、互慰、互勉。这八条宝贵的经验，值得每一对夫妻学习和借鉴。

二、家庭应酬礼仪

礼貌待客是中华民族的传统美德。"有朋自远方来，不亦乐乎"，千百年来一直被好客的国人所传诵。

（一）提前准备

当有客人来访时，应提前做好准备。主人的服饰要整洁，家庭布置要干净美观，孩子要妥善安排教育，水果、点心、饮料、烟酒、菜肴等要提前备好。如果是正式宴请，如婚礼、寿诞等，还要预先送请柬或电话邀请，确定宴请时间、场所，遴选客人排好座次，落实宴请形式、规模、档次。

（二）迎接

客人在约定时间到达，应提前去门口迎接，不应在房中静候，最好夫妇一同前往，女主人在前。如果有客人突然临门，要热情相待。如果室内未清理，应致歉并适当收拾，但不应立即打扫，因为打扫有逐客之意。

（三）问候

见到客人，应热情招呼，女主人应主动伸手相握。如果客人手提重物，应主动帮忙，对长者或体弱者可上前搀扶，进室内应把最佳位置让给客人，如果客人是初次来访，应向其他家人或客人作介绍。主人的表情要面带微笑，步履轻松，不能有疲惫心烦之感。

（四）敬茶

客人到访，沏茶时遵循"浅茶满酒"原则，应及时敬茶。敬茶应双手奉上，尊长者先敬。

（五）交谈

客人落坐，应及时与之交谈，话题内容可因实际而定。一般来说应谈一些客人熟悉的事情，若无法奉陪客人交谈，可安排身份相当者代陪或提供报纸杂志、打开电视供客人消遣，千万不能出现主人只管自己忙，把客人冷落在一旁的现象。

（六）送客

当客人散席或准备告辞时，主人应婉言相留。客人要走，应等其起身后，主人再起身相送，家人也应微笑起立，亲切告别。如果客人来时带有礼物的，应再次提及对礼物的感谢或回赠礼物，并不忘提醒客人是否有东西遗忘，或有什么事需要帮忙。送客宜送到大门口或街巷口，切忌跨在门槛上向客人告别或客人前脚走就"啪"地关门。如果是初次来客应主动指路或安排车辆接送，远方来客则应送至火车站、机场或码头，并说祝愿话或发出再来的邀请。

三、邻居相处礼仪

俗话说："远亲不如近邻。"近些年来，城乡居民的居住环境得到较大改善，但住别墅的市民还是少数，绝大多数城市家庭还是与左邻右舍的居民为邻。凡是与邻居保持良好关系的家庭，大都比较讲究邻居礼仪。

不论邻居们从事什么工作、职位高低，在人格和法律面前都是平等的。大家应彼此尊重，见面时互相问候，至少点头致意。邻里之间不要打听别人家的隐私，更不要东家长西家短、搬弄是非，以免邻里之间产生矛盾和纠纷。

邻居们生活在一个共同的空间中，应讲究社会公德，维护环境卫生，合理使用公共空间和公共设施。不要以邻为壑，不相往来。只要从真诚出发，讲究邻里之间相处的礼仪规范，就能创建友好的邻里关系，使家庭生活更温馨，邻里环境更和谐。

邻里相处十忌
一忌恶语伤人 动手打人
二忌背后议论 嫉妒他人
三忌轻信纵容 偏袒子女
四忌见难不救 幸灾乐祸
五忌家庭建筑 妨碍他人
六忌放养禽畜 有碍卫生
七忌不顾场地 栽树种花
八忌谈笑逗趣 不讲分寸
九忌经济往来 账目不清
十忌得理不让 不听劝解。

案例与讨论

"一纸书来只为墙，让他三尺又何妨。长城万里今犹在，不见当年秦始皇"亲爱的学员，您了解六尺巷的故事吗？

请查阅六尺巷的由来，并结合现实谈谈邻里相处的礼仪。

习礼与训练

亲爱的读者，您有多久没有向父母问候了？

1. 请写出父母的生日和结婚纪念日；

2. 您在这些特殊的日子里是否向父母表达过爱和感恩呢？

A. 经常　B. 有时想起　C. 太忙，经常忘记

3. 向父母表达您的爱与关心；不在父母身边的读者请打电话（或发短信）问候您的父母。

任务测试

1. 家庭礼仪包含（　　）相处的礼仪。

A．父母与子女　　　　B．邻里之间

C．兄弟姐妹之间　　　D．同事之间

2. 邻里关系最基本的礼仪是（　　）。

A．彼此尊重　　　　　B．亲密无间

C．互相关照　　　　　D．关心隐私

3. 周恩来与邓颖超总结出夫妇相处的宝贵经验"八互"是：互敬、互爱、互学、互让（　　）。

A．互慰　　　B．互助　　　C．互勉　　　D．互谅

4. 为了关心孩子成长，父母可以通过看子女的日记、书信来了解子女的情况。（　　）

A．错误　　　　　　　B．正确

5. "三纲"指（　　）。

A．君为臣纲　　　　　B．父为子纲

C．妇为夫纲　　　　　D．夫为妻纲

■任务 14　让出行变得更愉快

任务引擎

秘书瑞莎驾车，座次如何安排

艾玛

吴总　吴总助理

瑞莎

ST 公司老总艾玛开车带秘书瑞莎去机场接一位重要客人吴总和助理来公司洽谈，若由秘书瑞莎开车应如何安排座次？

通过本任务的学习，掌握在日常社会交往和出行中行走、乘坐电梯、乘坐交通工具的礼规，让您的出行更愉快。

知书达"礼"

一、步行礼仪

道路是最基本的公众场所，能不能自觉地讲究行路公德，尤其能反映一个人的道德水准的高低。

要注意遵守交通规则，保持道路卫生，礼貌待人，问候、交谈不要妨碍交通。

步行六大禁忌：

（1）忌与他人相距过近，避免发生肢体碰撞。

（2）忌尾随他人身后，甚至对其窥视或指指点点。

（3）忌走路速度忽快忽慢，对周围人造成影响。

（4）忌在私人居所附近观望，甚至闯入私宅或私有的草坪。

（5）忌一边走路，一边吃喝。

（6）忌行走时勾肩搭背。

二、乘坐电梯礼仪

（1）到电梯厅门前：先按电梯呼梯按钮。

（2）轿厢到达厅门打开时：可先行进入电梯，按住"开门"按钮，请客人或长辈进入电梯轿厢。

（3）进入电梯后，按下客人或长辈要去的楼层按钮。若电梯行进间有其他人员进入，可主动询问要去几楼，帮忙按下。电梯内可视状况决定是否寒暄；电梯内尽量侧身面对客人。

（4）到达目的楼层：一手按住"开门"按钮，另一手做出请的手势。客人走出电梯后，立刻步出电梯，并热忱地引导行进的方向。

三、乘坐交通工具礼仪

现代社会人们的生活节奏越来越快，人们几乎每天都要与各种交通工具打交道。交通工具使人们在很短的时间内即可到达亲戚朋友的居家地点、旅游胜地甚至是异国他乡。在乘坐交通工具时，人们与陌生人同行，讲究出行礼仪尤为重要。

（一）乘坐轿车的次序

轿车座次的尊卑主要取决于三个因素。

1. 驾驶者

驾驶轿车的司机一般是轿车主人，或者是专职司机。国内目前所见的轿车多为双排五座轿车。

（1）主人驾车

当主人或领导亲自驾车的时候，一般称之为社交用车，上座为副驾驶座。前排座为上，后排座为下；以右为尊，以左为卑。这种坐法体现了"尊重为上"的原则，表达客人对开车者的尊重。

（2）专职司机驾车

如果是驾驶员开车或出租车，车上尊位是后排右座。其余座位的尊卑次序是：后排左座、前排右座。简而言之，即是右为上、左为下、后为上、前为下。

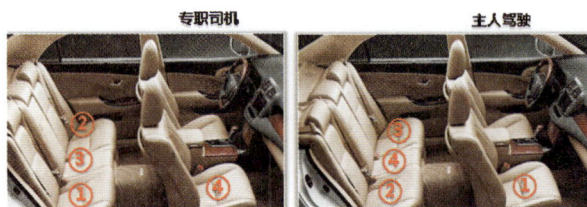

专职司机　　　　　　　主人驾驶

2. 嘉宾本人意愿

通常，在正式场合乘坐轿车时，应请尊长、女士、来宾就座于上座，这是给予对方的一种礼遇。

但是，必须尊重嘉宾本人对轿车座次的选择，嘉宾坐在哪里，即应认定哪里是上座。即便嘉宾不明白座次，坐错了地方，轻易也不要对其指出或纠正。

3. 乘车细节

着裙装的女士上车时，得体的方法是：先背对车座，轻轻坐在座位上，合并双脚并一同收入车内；下车时，也要双脚同时着地，不可跨上跨下，有失大雅。

（二）乘坐飞机之礼

1. 抵达机场

（1）提前到达机场

应按旅客须知的要求，在规定的时间到达机场，凭您购票时使用的有效旅行证件办理乘机及安全检查等手续。为了您旅行的顺畅，建议预留充裕的时间办理相关手续。

（2）妥当处置行李

乘飞机时携带的行李要尽可能轻便。

免费随身携带物品限制如下：

航班	搭乘舱位	携带物品数量	重量限额（每件）	携带物品体积
国际或地区航班	头等舱	2件	8kg	A ≤ 55cm B ≤ 40cm C ≤ 20cm
国际或地区航班	公务舱	2件	8kg	
国际或地区航班	经济舱	1件		
国内航班	头等舱	2件	5kg	
国内航班	公务舱	1件	5kg	
国内航班	经济舱	1件		

资料来源：中国航空公司网站

超过上述规定的数量、重量以及体积的部分，应作为托运行李运输。

托运行李的体积及重量限制如下：

资料来源：中国航空公司网站

航班	重量限额（每件）	托运物品体积
国际或地区航班	32kg	
国际或地区与国内联运航班	2kg ≤ w ≤ 32kg	$60cm ≤ A+B+C ≤ 200cm$
国内航班	45kg 2kg ≤ w ≤ 45kg	

超过上述体积或重量的行李，应作为货物运输。

2. 登机

上、下飞机时，均有空乘人员站立在机舱门口迎送乘客。他们会向每一位通过舱门的乘客热情地问候，作为乘客应有礼貌地点头致意或问好。

登机后要根据飞机上座位的标号按秩序对号入座，将随身携带的物品放在座位上方的行李箱内，不要在过道上停留太久以免影响其他人通行。

飞机起飞前，按照乘务员的示范在飞机起飞和降落时系好安全带，按要求关闭移动电话等电子通讯设备。

在飞机上使用洗手间按次序等候，注意保持其清洁。如果晕机呕吐，要吐在清洁袋内，有问题及时获得乘务员的帮助，做到文明乘机，礼貌出行。

3. 停机之后

停机后带好随身携带的物品，按次序下飞机，不要拥抢。

下机后，如一时找不到自己的行李，可通过机场行李管理人员查询，并可填写申报单交航空公司。如果行李确实丢失，航空公司会照章赔偿。

（三）乘坐高铁礼仪

乘高铁外出时，使用有效证件在互联网或车站售票窗口实名购票，按次序验票乘车，车厢内讲究卫生，行为举止文明，不在车厢的任何地方抽烟；下火车时，带好自己的随身物品及行李，按秩序从规定的通道口验票、出站。

（四）乘坐公共汽车之礼

乘公共交通车辆时，应自觉遵守交通秩序，排队候车。车停稳后，等车上乘客下完再上车，同时要热心帮助需要照顾的乘客。上车主动购票，若是自动投币的公共汽车，应将准备好的零钱放入投币箱中，不可因逃票而失去人格与尊严。

案例与讨论

经过本任务的学习，您一定对出行礼仪加深了了解。

请对任务引擎中的案例进行剖析，在以下两种不同情况下应如何安排轿车的座次。

1.ST 公司老总艾玛驾车时座次安排

2.秘书瑞莎驾车时座次安排

习礼与训练

以陪同客人乘箱式电梯为背景进行模拟训练活动。

1.分组模拟引领客人进入无人箱式电梯的一般礼仪规范。

体会操作要领：

2．分组模拟引领客人进入有专人操作的箱式电梯时，

体会操作要领：

任务测试

1.当您引领客人乘坐轿厢式无人电梯时您应当_____进_____出。

2.当主人或领导亲自驾车的时候，上座为_____。

3.当专职驾驶员驾车的时候，上座为_____。

4.乘坐飞机时，应约束个人行为，下列行为中，（   ）是不符合礼仪规范的。

A.感谢乘务人员的服务　　　B.在飞机看电子书

C.随意跟空姐开玩笑　　　　D.在飞机上高声谈笑

■任务 15　美德是一种和谐和秩序

新概念英语第 2 册第一篇课文"私人谈话"叙述了一个关于公共场景中行为举止的幽默故事：上星期我去看戏。我的座位很好，戏很有意思，但我却无法欣赏。一青年男子与一青年女子坐我的身后，大声地说着话。我非常生气，因为我听不见演员在说什么。我回过头去怒视着他们，他们却毫不理会。最后，我忍不住了，又一次回过头去，生气地说："我一个字也听不见了！""不关你的事，"那男青年毫不客气地说，"这是私人间的谈话！"文中男青年明白"我"为什么生气吗？从这个幽默的故事中您能体会在类似的公共场合（如电影院、音乐会、文艺晚会、剧院等）知礼守礼的重要性吗？

　　子曰："不学礼，无以立。"罗素也曾说："没有公德，社会就会灭亡；没有个人道德，人类的生存也就失去了价值。"就让我们从身边的小事做起，自觉遵守公共秩序，将中华民族礼仪之邦的美德传扬天下，这不仅是个人修养和社会公德的集中体现，也尊重了他人、尊重了自己，更有助于维护国家的形象、促进社会的和谐与进步。

　　通过本任务的学习，掌握常见公共场所中的一般礼仪常识，以避免在公共场所失礼失仪。

知书达"礼"

　　特定公共场所礼仪是指具体某一场所或场合所需要遵守的礼仪规范。在这些特定公共场所，我们需要根据不同的情境遵守不同的规范。

一、图书馆礼仪

图书馆、阅览室是公共的学习场所，大家应自觉遵守有关礼仪：

1. 保持安静和整洁卫生。进门入座时动作要轻，走动时脚步要轻，碰到熟人可点头致意，不要高声谈话，以免影响他人。不为他人抢占座位，不在座位上躺卧，也不在阅览室内吸烟。

2. 爱护书刊。图书馆的书刊资料属于公共财产，不要在图书上随意圈点、涂抹、折面，或是把自己需要的资料撕下来。图书馆一般都备有复印、照相等业务，若需要可与工作人员联系。

二、影剧院、音乐厅礼仪

演出风格的不同，需穿着不同的服装。比如观看歌剧、话剧演出和听音乐会，应做到仪表整洁得体，男士穿着西装和礼服，女士也应着正装或礼服。

1. 演出开始前

观看演出应把握好时间，提前入场，不能迟到。如果有事迟到了，最好在幕间休息时入场。如果是看电影，应跟随服务员悄然入场，并尽可能地放轻脚步，通过让座者时应与之正面相对，切勿让自己的臀部正对着他人，同时向被打扰的周围观众轻声致歉，对起身礼让的观众致谢。入座后，戴帽的应脱帽，不应左右晃动，影响他人的视线。

在观看文艺演出前，最好能了解一下节目的有关内容，以便准确地欣赏节目。

观看演出应自觉遵守剧场规则。如果是专场演出，一般由普通观众先入场，嘉宾在开幕前由主人陪同入场，此时，其他观众应有礼貌地起立鼓掌表示欢迎。

2. 演出开始后

观看演出时，应将手机关闭或调成静音；按规定注意文明礼貌，禁止吸烟，不可随地吐痰、乱扔果皮杂物；与恋人一起观看影剧时，不应做过分亲昵的举动。

若演出中出现一些故障或特殊情况，应采取谅解的态度，不应喧闹、怪叫、喝倒彩。

演出未结束，若有急事中途退场，应轻声离座，并尽可能地利用幕间退出。否则既影响别人观赏，也是对演员的不尊重。演出快结束时，不能为了抢先出场而离座，应在演出结束后退场。

3. 演出结束后

演出结束后，观众应起立向演员热烈鼓掌，对他们的劳动和精彩演出表示感谢。在演员谢幕前便匆忙离去是对演员不礼貌的行为。如有贵宾在场，一般应待贵宾退席后再有秩序地离开。

在离去过程中，按照秩序退场，不应推搡或者乱挤乱涌，以免造成踩踏事故。

三、舞会礼仪

交谊舞是起源于西方的国际性社交舞蹈，舞会是现代社会中一种高雅而又重要的交际联谊活动。

参加舞会时，应注意：

1. 仪表得体，举止文明

舞会是比较正式的场合，因此需要穿着一些比较正式的礼服，做到庄重典雅。

参加舞会前不得吃带强烈刺激气味的食品，不喝烈性酒，不大汗淋漓或疲惫不堪地进入舞场；感冒者最好不要进入舞场。

维护舞场秩序，不吸烟、不乱扔果皮，不高声谈笑，不随意喧哗，杜绝一切粗野行为。

2. 遵守规矩，讲究礼貌

在舞会上邀请舞伴，不能单凭个人好恶，须兼顾社交礼仪。一般情况下，男士应主动有礼地邀请女士共舞，女士拒绝男士的邀请时，应委婉而客气；而女士邀请男士共舞时男士不宜拒绝；一般来说，一曲终了方可停舞，男士应把舞伴送至席位，并致谢意，女伴则应点头还礼。

3. 舞姿端正，尊重女伴

跳舞时舞姿应端庄，身体应保持平、直、正、稳，切忌轻浮鲁莽；男士动作应轻柔文雅，有分寸，切勿因动作不当引起别人反感；不宜将女士拢得太紧、过近；不应把女士的手捏得太紧；不可把整个手掌掌心完全向内贴在女士的腰上；不应在旋转时把女士抱起飞来飞去；女士应避免将双手套在男士的脖子上或把头部主动俯靠在对方的肩上。

四、体育比赛场所礼仪

1. 参赛者

参赛者应严格遵守体育比赛的有关规定，自觉遵守赛场秩序，不允许冒名顶替、弄虚作假。

尊重裁判、服从裁判，即使裁判有误，也应按照有关程序反映，不应在赛场大喊大叫、发生争吵，充分体现友谊第一、比赛第二。不论是输还是赢，都应把比赛对手当成朋友，还应善待热心观众，支持记者工作。

2. 观众

观众在观看比赛时，应自觉遵守赛场秩序，文明宣泄情绪，为运动员加油助威的标语口号内容应健康；对本方的运动员和另一方运动员都应加油助威，对精彩表演都应掌声鼓励。

禁忌下列不良行为：偏袒起哄；对对方运动员和啦啦队使用不文明的语言和手势，甚至袒胸露背，赤膊上阵。

对运动员在比赛中的一些失误，应避免言行粗鲁、喝倒彩或发出"喔"声；严禁向运动员投掷物品或呼喊起哄。

五、公共娱乐场所礼仪

公共娱乐场所主要包括公园、广场等，是属于人群比较密集的场所，因此在公共场所活动应讲究社会公德，遵守有关公共娱乐场所礼仪，主要包括：

1. 妆容

一般公共娱乐场所的着装可以休闲装为主，如牛仔服、运动服、夹克衫，戴太阳镜等。在化妆和配饰方面应当以淡妆、简单为主。

2. 文明礼貌

在参加娱乐活动时，应服从工作人员的管理，讲究秩序，不应一拥而上，给工作人员增添麻烦。

拍照、摄像时按先后次序进行，不要争路抢行或争抢拍照位置，对文物建筑等不准拍照或不得使用闪光灯的规定，应严格遵守，不应违反。不进入"请勿入内"的草地或鲜花丛中拍照，也不应到危险或不宜攀登的地方照相。合影时，如需别人帮忙，应礼貌地提出请求并表示谢意。

在公园进行练歌、唱戏、跳舞等活动时，应尽量避免干扰他人。

3. 爱护公共设施

在公共娱乐场所对公共设施应倍加爱惜，不应乱写、乱刻、乱画，对树木花草应爱护，不应随意在树木、雕塑、建筑上攀高、乱摸、乱碰，肆意践踏破坏。

公园和其他一些旅游景点所设置的长椅长凳，是供游人作短暂休息用的，不可只顾自己而长时间占用。许多公园的儿童游艺场是专为儿童设计的，应注意爱护，成年人不可进入玩耍，以防造成损坏。

4. 保护环境卫生

不应随地吐痰，不乱扔果皮、纸屑、烟蒂、塑料袋、包装盆、易拉罐、饮料瓶等。不准随地大小便，即使对自己所带的儿童，也应教育其大小便进卫生间，绝不能任其随意进行"方便"。

5. 注意安全

在湖滨、河畔浏览和登船旅游时，不应肆意地打斗追逐，以防翻船落水。不应只身独闯危险地段。不应在公园里从事攀岩、跳岩、滑冰等比较危险的运动。

在拍照、摄像或观看动物时，应足下留神，防止发生意外事故。

六、排队礼仪

排队是一个民族文明程度最明显的表现之一。在公共场合，不管有没有明文规定或是他人监督，都应该主动排队。因为排队在很多情况下对全体人员来说是效率较高的解决问题的方式之一。

俗话说：没有规矩，不成方圆。我们在车站、机场、医院、影剧院等公共场所，都要增强秩序观念，主动排队。是否自觉排队，也能从侧面反映出一个人的基本素质。在排队时，应当遵守以下礼仪规范：

1. 遵守排队秩序

排队应遵守的基本秩序是：先来后到、依次而行。

假如排队过程中因故需要短暂离开，请向身后的人说明情况："不好意思，我马上回来，请帮我保留这个地方。"如对方同意，返回后可在原处继续排队；如对方不同意，则应从队伍末端重新排起。假如有人插队，可以礼貌提醒对方："不好意思，请按秩序排队。"

现在流行一种的"小团体排队法"引起了公众的强烈反感。如：

三五个朋友一起去超市购物，结账时各自站到一队的队尾，看谁最快，大家就集中到最快的那一队去结账，这样原来站在"最快者"后面的那个排队者通常都会很生气和恼火，因为前面突然多出很多人，这样的排队方式与插队无异，非常容易引起其他人的反感，比较合适的做法是大家按照先来后到，各自排队。

2. 排队间距要适当

排队时，人与人之间最好保持 0.5 米左右的间隔，不能前呼后拥，一直往前推挤，影响公共秩序。

特别是在金融窗口、取款机等涉及个人隐私的场合，前后之间的距离应适当增大。凡标有"一米线"的，应在"一米线"后依次排队；没有"一米线"的地方，最前排也应留出足够的操作空间。

案例与讨论

销售部李先生陪客户去看新上映的大片。两人进场在第十排位置坐下之后李先生发现他一位许久不见的老同学坐在他前面不远处，便立即起身去打招呼、聊天，一直持续到电影播放才回到自己的座位。

由于李先生在网上已经看过此片，因此剧情已熟悉，每当电影放映到一个悬疑的片段时，他忍不住要跟客户讲解其中的剧情发展……在影片放映即将结束时，李先生轻轻地对客户说：马上结束了，咱们现在出去吃饭吧，待会人多太挤。说完，他便热情地拉着客户起身离场……

上面这个案例中，李先生有哪些失礼之处呢？

习礼与训练

1. 分组对本任务引擎描述的场景进行模拟。
2. 联系本任务教学知识点谈谈您的感受。

任务测试

1.在公共场合与人交往应尊重社会公德,讲究文明礼貌、做一个有礼、懂礼的人。下列正确的是(　　)

①在公共场合上下车要让老人、孩子和军人先行。

②去图书馆、阅览室要按先后顺序,注意敬!净!静!

③到商店买东西要注意分辨真假,食品要亲自品尝。

④在影剧院看演出,整个演出结束后,要鼓掌表示感谢,等谢幕完毕,再离开座位。

A.①③④　　　　　B.②③

C.②④　　　　　D.①②③④

2.参观博物馆时,下列哪些做法是正确的?(　　)

A.不宜在一件展品前长时间驻足,以免影响他人欣赏。

B.一边观看展览,一边悠闲地抽烟,只要没看到"禁止吸烟"的警告就行

C.一边观看展览,一边抽烟是不对的,可吃零食,但要注意不随地乱扔瓜果皮屑

D.对展品随意拍照

3.在医院就医时,应将手机静音。

A.正确　　　B.错误

4.观看文艺演出或体育比赛时,为表热情,掌声越多越好。

A.正确　　　B.错误

5.下列哪个不是洗手间通用标志(　　)

A. 🚬　　　B. Toilet　　　C. 👠　　　D. 🔑

■任务16 "俗"眼看世界

任务引擎

外贸公司刘女士将到某国进行业务考察,下列一组图片即为该国的风土人情,您能判断出是哪个国家吗?刘女士需注意哪些礼仪禁忌?

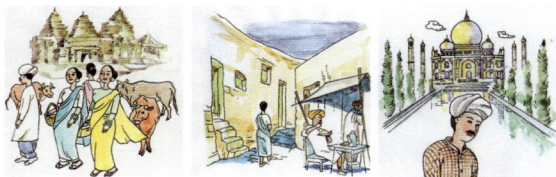

俗话说:"十里不同风,百里不同俗。"

各个国家历史背景不同,同时也就产生了各自不同的礼仪与风俗。随着国际交往的频繁和普遍,我们在国际交往中需要了解各国、各民族的习俗和礼节,尊重他们的宗教信仰和生活习惯,才能在出境行时有礼有节,友好真诚地与世界交流、沟通。

通过本任务的学习,了解欧美、亚洲主要国家的礼仪礼俗、宗教信仰和生活习惯。

知书达"礼"

一、欧美主要国家礼俗与禁忌简介

美国		
		美国国歌为《星条旗》（the Starspangled Banner）（曾译《星条旗永不落》）
礼仪礼俗简介	美国人性格开朗，举止大方，崇尚个性自由。美国人第一次同他人见面常直呼对方的名字，不一定握手。 美国人平时的穿着打扮不太讲究，崇尚自然，偏爱宽松，讲究着装体现个性。 美国人性格浪漫、为人诚挚。就座、走路一般让长者和妇女走在右边；他们健谈，喜欢边谈边用手势比画；彼此间保持一定的距离，一般在 50 厘米左右。 美国人乐于在自己家里宴请客人。到美国人家里做客，不必过分拘礼，但不要轻易吸烟。吃饭时一般要等女主人示意后客人才开始吃。进餐时可与左右客人交谈，避免高声谈笑。	
禁忌	忌食动物内脏；忌"13"、"3"、"星期五"；忌蝙蝠图案；忌送女性香水、化妆品；忌送厚礼，接受馈赠一般先打开并表示喜爱和感谢。	

英国		
		英国国歌为《天佑女王》（God Save the Queen）。如在位的是男性君主，国歌改为"God Save the King"。
礼仪礼俗简介	英国人矜持而守礼，相见时习惯握手致意；称呼常常使用荣誉头衔，重视身份，尊重传统和资历。 英国社交中处处体现出"女士优先"的原则，如走路、让座、斟酒、出入电梯、上下楼梯、上下车等；在公共场合习惯低声说话。 英国人穿着一向循规蹈矩，不轻易逾越传统，注意服装的得体与美观。在特定的仪式场合，英国人还保留传统服装的着装习惯。 英国人用餐十分讲究。通常每天是四餐：早餐、午餐、午茶餐和晚餐。英国人爱喝茶，把喝茶当作每天必不可少的享受。	
禁忌	忌以皇室家事为谈话笑料；正式场合忌系有纹的领带；忌数字13、3；忌当众打喷嚏；忌大象、孔雀、猫头鹰等图案。	

法国		
		法国国歌为自由的赞歌——《马赛曲》。
礼仪礼俗简介	法国是一个十分讲究礼仪的国家，在社交场合有一套约定俗成的礼仪规范。见面礼节有握手、亲吻、拥抱三种方式。少女通常向妇女施屈膝礼。当地人还有男性互吻脸颊的习惯。男子戴礼帽时，可施脱帽礼。法国人在称呼上，一般不带上官衔或学衔。 法国人讲究衣饰。正式场合通常男士着穿西装、女士着套裙或连衣裙，颜色多为蓝色、灰色或黑色，质地则多为纯毛。和谐、得体的穿着是对他人的尊重。 法国人谈吐文雅，热情幽默，经常辅助手势来表达。法国人讲究饮食，被称为世界三大烹饪王国之一，法国人爱吃面食、奶酪、牛肉；不吃肥肉、宠物、动物内脏、无鳞鱼和带刺骨的鱼。法国人善饮，大多数人在餐桌上饮不碰杯，食无声响。	
禁忌	忌送法国人菊、牡丹、杜鹃、水仙、金盏和纸花；忌仙鹤图案；忌"13"与"星期五"。	

德国		
		《德意志之歌》的第三段，曲调采用"交响乐之父"弗朗茨·约瑟夫·海顿创作的歌曲《上帝保佑弗朗兹皇帝》的旋律。
礼仪礼俗简介	德国人待人接物严谨矜持，态度诚恳坦率。德国人的时间观念极强，参加各种活动都准时赴约。 社交场合与客人见面时行握手礼。与熟人朋友和亲人相见时，一般行拥抱礼。 称呼德国人时不要直呼其名，应在称呼前加头衔。德国人注重礼节形式，德国人应邀到主人家做客时，一般都备好礼物。德国人非常讲究清洁，注重衣冠的整洁。 德国人在穿着打扮上的总体风格是庄重、朴素、整洁。在正式场合穿戴整齐，一般多为深色。商务交往中男士穿成套西装，女士穿裙式服装。德国人举止庄重讲究风度，与德国人相处几乎见不到他们漫不经心的动作，他们把这些动作视为对客人不尊重，是缺乏教养的表现。	
禁忌	德国人忌送玫瑰花，而蔷薇、菊花只能在特定场合送。德国人忌茶色、红色、深蓝色；忌食核桃。对礼品包装讲究很多，忌用白色、黑色、咖啡色的包装纸，更不能用丝带作装饰。	

二、亚洲主要国家礼俗简介

国家	日本	
		日本国歌为《君之代》。
礼仪礼俗简介	日本人重礼貌，遵守时间，集体荣誉感强。鞠躬礼是日本人的传统礼节。日常交往中初次见面时要鞠躬，但在国际交往中一般互相握手问好。对坐姿有讲究，在"榻榻米"上正规的坐法叫"正座"，即双膝并拢跪地，臀部压在脚跟。较轻松的坐法，男性为盘腿坐，女性为横坐，即双腿稍许横向，身体不压住双脚。 日本人拜访他人一般避开清晨、深夜及用餐等时间。进日式房屋时，要先脱鞋，鞋要鞋尖向着房间门的方向整齐放好。正式场合一般穿礼服。和服是日本传统的民族服装，多在出席隆重的社交场合或节庆时穿着。	
禁忌	日本人有许多讲究：忌三人并排合影；忌倒贴邮票；不喜欢紫色，忌绿色；忌带荷花的图案；不使用皇室专用图案——菊花。在数字方面，忌讳"4""42""9""6""13"等。梳子不能单独送。	

国家	韩国	
		韩国的国歌是《爱国歌》。
礼仪礼俗简介	韩国人崇尚礼仪。初次见面时，常以交换名片的方式来相识。深受儒教的影响，有重男轻女的传统。社交场合，男女分开活动。宴会上对主人所斟之酒拒喝是不礼貌的；用餐时不可先于长者动筷。 男子见面可打招呼，相互行鞠躬礼并握手，而女性见面通常不握手，只行鞠躬礼。如果应邀去韩国人家里做客，按习惯要带一束鲜花或一份小礼物，用双手奉上，而受赠者不会当面把礼物打开。进入室内时，要将鞋子脱掉，留在门口。	
禁忌	韩国人迷信生辰八字；普遍忌讳数字"4"。交接东西要用右手。未征得同意，不能在长辈、上级面前抽烟。交谈中不宜询问男主人妻子的情况。	

国家	印度	
		印度的国歌为《人民的意志》，是印度著名诗人泰戈尔创作的。

礼仪礼俗简介	印度人相见有时握手，有时用传统的佛教礼节"合十"礼，一般两手空时则合掌问候。合掌时对长者宜高，平辈宜平，晚辈宜低。久别重逢的亲朋好友则往往行拥抱礼。印度人在谈话时，相互之间总保持一臂距离。 印度男子最普通的服装是"托蒂"，在一些特别重要的场合，经常会看到个别上穿"古尔达"、下围"托蒂"、足踏拖鞋的老人，这种打扮是最有身份的标志。城市里普遍的男子服装是西装，即使不穿正规西服，也是西式的衬衣和长裤。有身份的政府官员在正规场合，常穿一种很像"中山装"的上衣，胸部有一兜，别支钢笔。许多印度妇女在她们额部靠近两眉中间涂饰一个彩色的圆点，印度人称之为"贡姆贡姆"。 在印度人的餐桌上，主人会殷勤地为客人布菜，客人一般不能拒绝主人给你的食物和饮料。作为客人，餐后要向主人表示敬意，即应当赞扬食品很好吃，表示自己很喜欢。一般不要说"谢谢"等致谢的话，否则被认为是见外。
禁忌	印度奉牛为神圣，忌吃牛肉，忌讳用牛皮制品。忌讳弯月图案和送人百合花。

国家	泰国	
		泰国国歌为《泰王国歌》。

礼仪礼俗简介	泰国人热情友好，总是微笑迎客，故有微笑土地的雅号。用的礼节是"合十礼"：双手举得越高表示越尊敬对方；在特定场合也行跪拜礼；拜见高僧需跪拜。握手礼只在政府官员、学者和知识分子中盛行，男女之间不行握手礼。 泰国各民族有自己的传统服饰。泰国男子在正式社交场合通常穿深色的西装，打领带；妇女在正式社交场合穿民族服装，也可穿裙子。日常生活中可穿各式流行服装，但公共场合忌穿短裤。 泰国人不喝热茶，习惯茶里放冰块。用餐时，习惯围着小圆桌跪膝而坐，用手抓食，不用筷子，现代也有用叉子和勺子的。
禁忌	泰国人忌讳触摸别人头部，忌睡觉时头朝西；女士就坐时腿要并拢，否则被视为没有教养；忌讳踩踏门槛；泰国人视足部指向他人为无礼的行为，因此与人对坐时应注意。

案例与讨论

有一次，印度某公司客人来到我国南方某公司访问。为扩大在印度的市场，中方公司格外重视接待工作，特地将印度代表团下榻的饭店房间换上了宽大、舒适的牛皮沙发。当王经理来到饭店做最后巡视看到崭新的牛皮沙发时，立刻变了脸色，并责令员工们将沙发撤换。

请您分析王经理为何下令撤换牛皮沙发？

习礼与训练

经过本任务的学习，您一定对各国礼俗加深了了解。请结合本任务知识点完成下列任务：

1. 引擎中刘女士将去考察的国家是＿＿＿＿＿＿＿？
2. 图中右下角的＿＿＿＿＿＿是该国知名度最高的古迹之一。
3. 请为刘女士列出出访该国的礼仪禁忌清单。

任务测试

下列说法是否正确？若不正确，请给出正确做法。

1. 美国人在收到礼物时，一定马上打开当着送礼人的面欣赏或品尝礼物，但会立即道谢。（　　）

2. 英国人喜欢别人称呼他们为"英国人"。（　　）

3. 日本人给老人祝寿，选一些有特定意义的年岁，如88岁为"囍寿"。（　　）

4. 德国人打招呼时不喜欢带上头衔，可直呼其名。（　　）

5. 泰国人不用红笔签名。（　　）

本篇综合训练（一）

请完成下列问卷选择：

（一）问题描述

第1题：他很爱她。

她细细的瓜子脸，弯弯的娥眉，面色白皙，美丽动人。可是有一天，她不幸遇上了车祸，痊愈后，脸上留下几道大大的丑陋疤痕。你觉得，他会一如既往地爱她吗？

A. 他一定会

B. 他一定不会

C. 他可能会

第2题：她很爱他。

他是商界的精英，儒雅沉稳，敢打敢拼。忽然有一天，他破产了。你觉得，她还会像以前一样爱他吗？

A. 她一定会

B. 她一定不会

C. 她可能会

（二）您的选择是：

第1道题（　　）

第2道题（　　）

（三）您作出上述选择时，您认为男女主人公之间是什么关系？

（四）现在，我们来假设一下，如果第1题中的"他"是"她"的父亲，第2题中的"她"是"他"的母亲。那么您的选择是：

第1道题（　　）

第2道题（　　）

（五）比较两次选择的答案，谈谈您的感悟。

本篇综合训练（二）

（一）程序和规则

1. 分小组学习，自行选择某个国家作为背景进行情境设计。

2. 在组内进行礼仪礼俗模拟训练。

3. 按情境设计进行角色模拟。

将模拟展示拍照或制成短片，回放点评。

（二）关键点提示

1. 情景设计是否流畅，是否具有情节性。

2. 情景过程是否涵盖多项礼仪元素。

3. 模拟过程设计的礼仪行为是否得体。

（三）记录下列各项

1. 您选择哪个国家作为背景_____；

2. 所选国家的主要礼仪礼俗和禁忌：_____。

本篇综合评估

（一）评估情境描述：

以下行为哪些是正确的，哪些是错误的？正确的请打"√"，错误的请打"×"。

1. 听音乐会要着装整齐，若迟到了，最好在幕间入场悄然入座。

2. 在公共汽车或地铁车厢内遇到熟人要热情大声招呼对方。

3. 男士尽量避免挨着独坐一桌的陌生女子。

4. 乘坐有专职司机驾驶的轿车时一般常规的尊卑位次依次为司机对角线、司机正后方、后排中间、副驾驶座。

5. W.C.、TOILET、Wash Room、Rest Room 都是洗手间的标志。

6. 在公共健身房活动，要互相关照、保持器材干净。

7. 在教室、会议室、食堂、电影院要遵守公共秩序，主动将手机关机。

8. 参观博物馆时，只要没看到"禁止吸烟"的牌子就可抽烟。

9. 在公共交际场合，上下车要让老人、孩子和军人先行。

10. 在舞会上，女士可以邀请男士跳舞。

（二）评估标准和结果分析

1	2	3	4	5	6	7	8	9	10
√	×	√	√	√	√	×	×	×	√

答对 6 题以下，对本任务内容认知不足；

答对 6-8 题，对本任务内容有一定认知；

答对 8 题以上，本任务内容有较好的认知。

第五篇 职场礼仪

　　本篇教学内容包含求职面试、会议、洽谈、签字、剪彩等职场常见活动礼仪。通过学习了解应聘前的注意事项及心理准备；熟悉应聘资料准备的内容及流程；掌握面试和商务活动中的基本礼仪与技巧；能够熟练地将职场礼仪的规范和细节应用到实际工作当中；培养自身良好的职业素养，提升自身的综合职业能力。

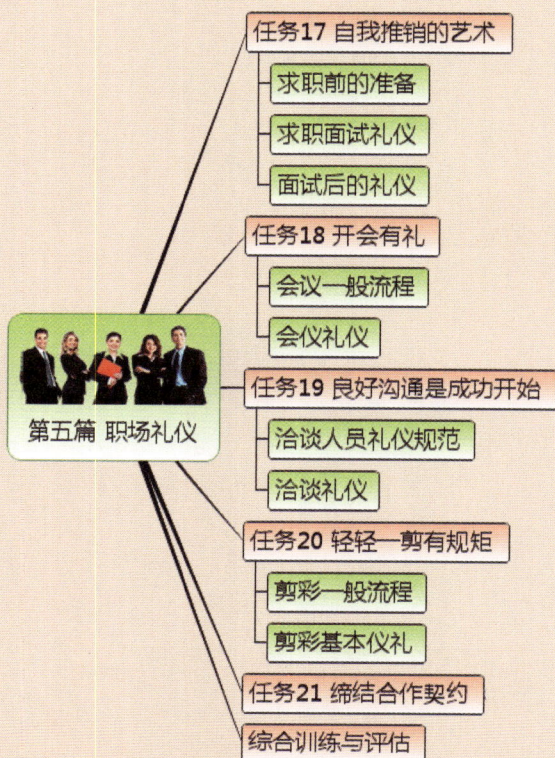

任务17 自我推销的艺术

求职前的准备

求职面试礼仪

面试后的礼仪

任务18 开会有礼

会议一般流程

会仪礼仪

任务19 良好沟通是成功开始

第五篇 职场礼仪

洽谈人员礼仪规范

洽谈礼仪

任务20 轻轻一剪有规矩

剪彩一般流程

剪彩基本仪礼

任务21 缔结合作契约

综合训练与评估

【学习目标】

通过本篇的学习，学员能够：

1. 了解应聘前的注意事项及心理准备；
2. 熟悉应聘资料准备的内容及流程；
3. 掌握面试的基本礼仪与技巧；
4. 掌握商务活动和流程与组织；
5. 掌握商务仪式的基本礼仪通则；
6. 能够灵活应用和操作洽谈、签字和剪彩等仪式的礼仪规范。

■ 任务 17　自我推销的艺术

任务引擎

李怡大学毕业后几经周折终于有了面试的机会，她准备好各种证书，背熟自我介绍。可是一想到面试心中就忐忑不安，对考官会提出什么问题她毫无把握，脑子里一片空白。

请您帮助李怡梳理一下，在面试前应从哪些方面着手准备呢？

通过本单元的学习，学习者能够学会求职面试的基本礼仪规范，提高面试礼仪的应用能力，以专业求职者的姿态，从容面对这个综合性的考试，从众多竞争者中脱颖而出。

知书达"礼"

一、求职前的准备

（一）备单位

求职前，首先要利用各种途径广泛收集人才需求信息。既可以通过官方、校方、厂方和人才供需见面会、人才交流会等渠道了解哪些单位要人，也可以从广播、电视、报刊、互联网、人才市场、劳动力市场、职业介绍所等各种媒介中捕捉就业信息，还可以拜托亲朋好友、老师、同学、老乡等帮忙打听、联系。然后，将收集到的信息进行整理，从中筛选出自己认为比较理想的工作单位，作为下一步进军的目标。

1. 选择单位

所谓理想的工作单位，是指那些既符合本人兴趣又能发挥自己专

求职面试六备
备单位；备心理
备问题；备仪表
备情境；备礼仪

长的职业。对个人而言，单位知名度大小、实力强弱并不是最重要的，关键是看用人单位能否给自己一个发挥才能的机会和拓展事业的平台，只要有发展空间，都可以纳入自己的考虑范围。知己知彼方能百战不殆，对应聘单位的信息要有充分的了解。

2. 了解招聘单位的信息

（1）用人单位的名称和发展历史；

（2）用人单位的所有制性质（国有、合资、民营等），用人单位的规模、发展前景、地理环境、经营范围和种类等等；

（3）用人单位的隶属关系。中央直属单位要清楚主管部、委、总公司等情况（人事档案管理关系）；省直单位要清楚主管的厅、局；市属、单位要搞清上级主管部门（指人事管理权限）；

（4）用人单位需要的专业、使用意图、具体工作岗位；

（5）用人单位的所需人才的具体要求及待遇情况；

（6）了解用人单位的企业文化。

3. 自问自答

在了解了用人单位信息后，要扪心自问以下问题。

（1）"这个公司真的适合我吗？"

找工作就像谈恋爱，两情相悦才有未来，所以要问问自己，是否喜欢这个工作。热爱是最好的老师，最佳的职业选择是职业与兴趣的最佳结合，根据自己的专业、特长、兴趣爱好、个性特点等做出合理的选择，切忌眼光太高或者盲目跟风、人云亦云。

（2）"我得到的报酬是否与我的价值相当？"

除工资之外，还应注意是否有医疗保险、住房补贴或培训费用。

（3）"这份工作对我的未来发展有帮助吗？"

对于获得的工作的动机既要"顾眼前利益"，也要着眼于这份工作的进步和成长空间，为将来的发展提升竞争力，帮助你向理想迈进。

4. 求职简历与求职信

求职者选择好理想的工作单位后，即可主动联系用人单位。用邮件或快递的方式将个人简历和自荐信或介绍信、推荐信发至想应聘的单位人力资源部门。

个人简历包括姓名、性别、年龄、地址、所学专业、课程及成绩等信息，外语水平最好列明是否具有听、说、读、写、译五种能力，同时还应说明电脑使用能力等。此外，不要漏掉工作经历或社会实践及成就。如果曾担任学生干部、主持或参与过重要活动，则自然会引起用人单位的注意；倘若是一位勤奋的笔耕者，发表的文章、取得的科研成果对求职成功亦大有帮助；而综合素质高、科研成果多的复合型人才，也备受用人单位的青睐。

当然，求职者写个人简历应实事求是，既不要夸大其词，也不要过于自谦，力求做到行文规范，表达准确。篇幅一般不超过两页，文中不宜出现文字错误及涂改痕迹。

（二）备心理

面试是一场心理战。面试者首先要做好输得起的准备，同时还必须是一个自信的人。缺乏自信或自信心不足的人则常表现为过分自责，常常因为一点小的挫折而过分自卑，盲目羡慕别人，忽略自己的长处，而拿自己的短处比别人的长处，自暴自弃；或自尊心太强，置身陌生人之中不知所措等，这些都不利于面试成功。自信才能表现出坚定的态度和从容不迫的风度，才能赢得组织人事部门的赏识和信任。面试前可适时地进行自我心理调节、积极的心理暗示，勇敢地接受挑战。

（三）备问题

自我介绍是可以准备的问题，但一些相关的问题我们要有所准备，才能增强自信，积极应对。以下用人单位常问问题可事前准备：

单位为什么要聘用你？

你有哪些缺点？

你的学习成绩能否正确反映你的才能？

你有没有同时申请别的工作？是什么单位？

如果我们录用你，你能在本单位服务多久？

你为什么过去频频变换工作？

你是一位好听众吗？

你与人相处得怎样？

"跟我讲一次……的经历。"

"你能给我一个你与……的例子吗？"

（四）备仪表

1. 仪容仪表是您的战袍

完备礼仪知识，可以让自己举手投足透出自信，想成为一个什么样的人，首先要看起来像那样的人。

（1）个人卫生的清洁是仪容美的关键，是保持自身良好形象的基础，是面试礼仪的最基本要求，也是确保面试取得成功的的必要条件。

（2）面试时的形象除遵循个人形象礼仪的一般规范外，还要注意与面试时所应聘的岗位相适合。

职场上对女性形象的一般要求是：端庄、优雅、自然、干练。一般女性以短发、束发或盘发为宜；男性的头发前不遮眉，侧不遮耳，后不及领。

服饰是无声语言，它显示一个人的个性、修养等多种信息，适当的服饰，会让你的自信大幅度提高。面试服装忌过于华丽、过于前卫新潮，女士尤忌过紧、过短、过薄、过露、过透的服装。饰物要少而精，您的微笑与自信才是最好的配饰。

（五）备情境

SWOT:
S（Streengths）优势
W（Weaknesses）劣势
O（Opportunities）机会
T（Threats）威胁

在面试之前，最好仔细对自己做一个 SWOT 分析，教育背景、资历与工作经验等，了解这份工作对自己的适合程度，做到知彼知己。

准备好面试需要的证件、照片。如身份证、户口本、照片、毕业证、资格证书、获奖证书等，装入公文袋。

请有经验的朋友、师长帮助，对即将到来的面试场景进行模拟练习。

二、求职面试礼仪

张琳做好了面试前的准备，今天上午就要去参加她的第一次面试。您认为她在出门前、等待时、进入面试室、面试过程中和面试后还应该注意哪些礼仪修养呢？

学会面试中礼仪和交流表达技巧，可以为赢得这个综合性的面试加分。求职者在面试过程中表现出的礼仪水平，不仅反映出求职者的人品和修养，而且直接影响面试官的最终决定。因此，求职者参加面试时，务必注意以下几点。

（一）提前到达

良好的时间观念，既是一种美德，也是一个人良好素质修养的表现，同时还体现出对考官的尊重和对求职的认真态度。

参加面试一般应提前 15~20 分钟到达面试地点。尊重接待人员，主动向接待人员问好，若需要填写表格，字迹力求工整、清晰。等候的过程中要注意姿态，不要以为进了面试室才是面试。从你进入招聘单位，您的面试就开始了，您的服饰打扮、举止言谈、气质风度、文明礼貌，无时无刻不在影响你的形象，决定着你的前程和命运。

（二）进入面试室

进入面试室的一刹那就是一场短兵相接。与主考官第一个照面，形成的第一眼印象，有可能就决定了您的去留。这是面试的一个很重要的礼仪环节。这个环节由许多小环节构成，如敲门方式、见面方式、落座方式、自我介绍等。

1.进入面试室。不论门是开是关，都应先轻轻敲门，得到允许后才能进入，切忌伸头张望，更不可贸然推门而入，进门后轻轻地将门关上。向面试官行鞠躬问候礼，若面试官伸出手来，求职者应同他（她）热情握手，不要主动伸手与面试人员握手。如果面对多位主考官，请不要顾此失彼，目光要照顾到每一位考官后再鞠躬、问好。

2.面试入座礼仪。不请自坐显然是失礼的。当对方说"请坐"时，需回应"谢谢"，方可按指定位置坐下，并保持良好坐姿，切忌急于落座。

3.入座后的举止礼仪。"此时无声胜有声"，用你无声的、职业化的举止仪态，向面试官表达"我是最适合的人选"。

面试中，你的习惯性的肢体语言会暴露你的弱点，如目光接触、身体姿势控制、习惯动作、讲话时的声音控制等。

面部应保持自信的微笑，把自己的真诚和热情洋溢在脸上。眼睛是心灵的窗户，面试过程中目光不要游移不定，躲闪走神。自然的眼神能传达你对考官的诚意和尊重。

保持大方优雅的姿态，以显示你的自信和饱满的精神。与考官交谈时忌指手画脚、驼背耸肩、双腿抖动、玩手指等小动作，这些不良习惯会使您的形象大打折扣。

让您的声音更出色。注意调整自己的语音语调，使其悦耳动听。语调简洁、清晰、抑扬顿挫，自然地、自信地表达。不要夹带"口头语"，

面试温馨提示：
1.早点起床，梳洗准备，一定要吃早饭。
2.整理妆容、着装，对镜子审视，检查需带的资料证件。
3.提前出门，把时间安排好，宁早勿晚。
4.不要找人陪同前往。

不要汉语中夹带英文。

4. 自我介绍礼仪。2~3 分钟的自我介绍是面试实战非常关键的一步，也是你接下来面试问题的基础，考官将基于你的材料与介绍进行提问。将在很大程度上决定你在各位考官心里的印象，印象良好，才能有一个好的开始。

（1）开场白简洁，注意力高度集中，不拖延时间，控制在 2~3 分钟。给主考官留下自信、干练的好印象。

（2）姓名、工作经历等在简历中出现过的要一句带过，把重点放在简历中没有的东西。如：更多地说明自己对所应聘岗位的认识、自己在这方面的优势等，也可说明自己的工作经验和所得到的成绩，为后面的面试提问埋下伏笔。

（3）有条理、自信地使用口语流畅地表达。切忌不要像背书似的发表死板的长篇大论，也不能想到哪儿说到哪儿。避免使用"或许"、"可能"、"大概"等不确定性的语言，避免让主考官觉得你没有做好准备或者缺乏自信。

5. 适时告辞。当面试官说"感谢你来面谈"等诸如此类的话时，意味着面试完毕。求职者应从容不迫地站起来，面带微笑地表示谢意，然后走出房间并轻轻带上门。离开时，别忘了向接待人员道谢、告辞。

（三）面试后

面试之后，求职者不要消极地等待通知，最好在面试后 1~2 天，利用短信或电子邮件向主考官表达谢意，在信中和交谈中再次表达希望进入该单位工作的愿望。

一般情况下，面试 3~5 天（甚至更长）后才能出结果。如果面试两周之后求职者还未收到答复，可以写信与打电话给招聘单位或主考官，询问结果。打电话要事先列好提纲，直切主题、语调欢快、声音清晰明朗，不管是否录用都要表示感谢。

案例与讨论

观看一期《非您莫属》，从该电视节目中选择一个案例。

1.结合本任务教学知识点对求职者进行点评：

2.您从中得到的启示：

习礼与训练

1.按学习小组分角色进行面试场景模拟。
2.结合求职礼仪教学知识点填写情景模拟小结。

训练名称	求职面试		
教学班 （或学习小组）		姓名	
本组成员			
任务模拟	角色： 场景： 模拟描述（文字描述、小组活动照片、活动微视频剪辑）		
任务小结	（总结相关礼仪知识点、技能点）		

任务测试

1. 写个人简历应做到行文规范，表达准确。（　　　）

A. 正确　　　　　B. 错误

2. 面试时总的原则是委曲求全，以诚待人。（　　　）

A. 正确　　　　　B. 错误

3. 面试应提前 15 分钟到达面试地点，一边稳定情绪，还可以在等待区或去洗手间整理一下妆容。（　　　）

A. 正确　　　　　B. 错误

4. 面试后，不要消极等待，要经常打电话询问结果。（　　　）

A. 正确　　　　　B. 错误

5. 面试礼仪有哪些讲究？

■任务18　开会有礼

HY 集团为开拓服装市场，计划召开夏季服饰展示会。刚升任总经理助理的展鹏正和筹备组的同事们讨论"时装秀"策划案，您认为他们展示会的策划案应从哪几个方面着手？

会议是职场中最常见的活动，要树立良好的主题形象必须遵循相关的礼仪规则。本任务关键技能点主要有会议流程、会议准备、会议座次排序等。通过本任务的学习，学会应用会议礼仪的基本规范，以免在常见的商务活动场合失仪失礼。

知书达"礼"

一、会议的一般流程

会议是人们有组织、有领导、有目的地通过集会形式商讨问题、制定决策、交流经验、发布信息、研究或解决某一事项的活动。会议的种类很多，但不管其目的如何、规模大小，作为会议的组织者都要精心策划，严密组织，保证会议取得应有的效果。会议的成功，固然取决于会议的主题、内容确定是否恰当，以及组织者的管理水平和管理能力，但与会者是否遵守会议礼仪也有很大的关系。政府、企事业单位会议，特别是大中型会议都有一套完整的工作流程，它保证了会议管理的科学性和规范性。

会议流程一般包含以下几个方面：

（一）会议前准备流程

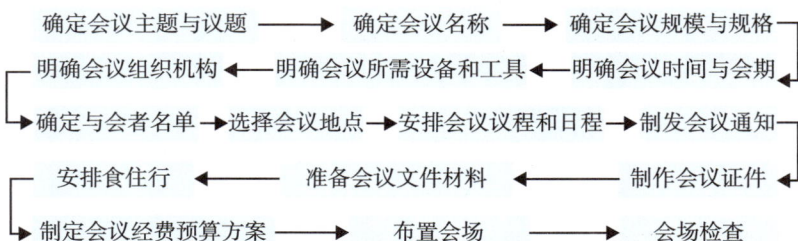

确定会议主题与议题 ⟶ 确定会议名称 ⟶ 确定会议规模与规格 ⟶
明确会议组织机构 ⟵ 明确会议所需设备和工具 ⟵ 明确会议时间与会期 ⟵
⟶ 确定与会者名单 ⟶ 选择会议地点 ⟶ 安排会议议程和日程 ⟶ 制发会议通知 ⟶
安排食住行 ⟵ 准备会议文件材料 ⟵ 制作会议证件 ⟵
⟶ 制定会议经费预算方案 ⟶ 布置会场 ⟶ 会场检查

1. 确定会议主题与议题

要有切实的依据；必须要结合本单位的实际；要有明确的目的。

2. 确定会议名称

会议名称一般由"单位＋内容＋类型"构成，内容应根据会议的议题或主题来确定。

3. 确定会议规模与规格

本着精简效能的原则，会议的规模有大型、中型、小型。会议的规格有高档、中档和低档。

4. 确定会议时间与会期

会议的最佳时间，要考虑主要领导是否能出席，确定会期的长短应与会议内容紧密联系。

5. 确定会议所需设备和工具

（1）必备用品是指各类会议都需要的用品和设备，包括文具、桌椅、茶具、扩音设备、照明设备、空调设备、投影和音像设备等。

（2）特殊用品是指一些特殊类型的会议，例如谈判会议、庆典会议、展览会议等所需的特殊用品和设备。

6. 建立会议组织机构

会务组、宣传组、秘书组、文件组、接待组、保卫组。

7. 确定与会人员名单

包括出席会议和列席会议的有关人员。应根据会议的性质、议题、任务来确定与会人员。

8. 选择会议地点

要根据会议的规模、规格和内容等要求来确定会议地点，有时也要考虑政治、经济、环境等因素。

9. 安排会议日程

会议日程是指会议在一定时间内的具体安排，对会议所要通过的文件、所要解决的问题的概略安排，并冠以序号将其清晰地表达出来。

10. 制发会议通知

会议通知的内容包括会议的名称、时间、地点、与会人员、议题及要求等。会议通知的种类有书信式和柬帖式。会议通知的发送形式有正式通知和非正式通知。会议通知的方式有书面、口头、电话、邮件。

11. 制作会议证件及准备会议文件资料

（1）会议证件包括会议正式证件和工作证件。会议正式证件主要有代表证、出席证、列席证、来宾证；会议工作证件主要有工作证、记者证、出入证。会议证件的内容有会议名称、与会者单位、姓名、职务、证件号码等。有些重要证件还贴上本人照片，加盖印章。

（2）会议文件资料主要有议程表和日程表、会场座位分区表和主席台及会场座次表、主题报告、领导讲话稿、其他发言材料、开幕词和闭幕词、其他会议材料等。

12. 会场的布置

（1）主席台。主席台的布置一要对称，二要简化。

（2）会场内外的布置。主要有会标、会徽、台幕、标语、桌签、座签、色调、灯光、旗帜、花卉等。

（二）会议期间工作流程

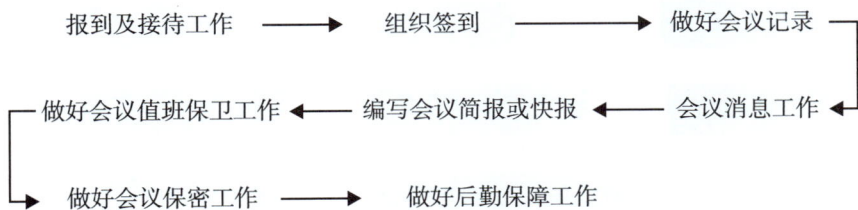

报到及接待工作　⟶　组织签到　⟶　做好会议记录

做好会议值班保卫工作　⟵　编写会议简报或快报　⟵　会议消息工作

做好会议保密工作　⟶　做好后勤保障工作

（三）会议后工作流程

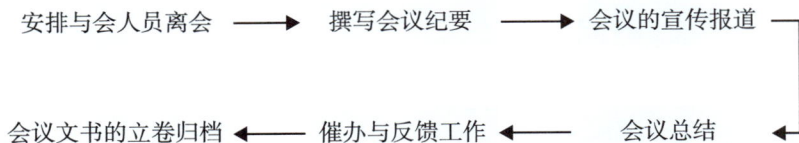

安排与会人员离会　⟶　撰写会议纪要　⟶　会议的宣传报道

会议文书的立卷归档　⟵　催办与反馈工作　⟵　会议总结

二、会议礼仪

（一）会议基本礼仪

1. 会议组织者的礼仪

会议组织者的礼仪，主要体现在尽职尽责地为与会人员服务上。会议开始前，要精心做好准备工作（包括明确会议内容、确定与会代表、选择会议地址、做好邀请工作等）；与会者到达会场，要热情接待、介绍；会议进行中，要做好例行服务、安排好与会者食宿、做好现场记录；会议结束后，要做好会议文件的整理和归档，要做好送行工作。

2. 主持人礼仪

主持人是会议的具体组织者和领导者，其礼仪表现对会议能否圆满成功有着重要的影响。因此，在主持会议期间，主持人态度要认真严谨，应熟知会议的议题、时间及各项安排等相关内容，注意把握会议的节奏、气氛和时间；主持人发言要口齿清楚，思维敏捷，简明扼要，主持人应衣着整洁，大方庄重，精神饱满，忌不修边幅；走上主席台步伐要稳健有力。

如果是站立主持，要双腿并拢，腰背挺直。持稿时，右手持稿件的中部，左手五指并拢自然下垂。双手持稿时，要与胸齐平。坐姿主持时，应身体挺直，双臂前伸，两手轻按桌沿。主持过程中，不要出现搔头、揉眼、抖腿等不雅动作。

此外，主持人在会议期间，还应尊重全体与会代表，尊重发言人。当发言人结束发言时，主持人应引导与会人员鼓掌致意。

主持人对会场上的熟人不宜招呼，更不能寒暄闲谈，可在会前或会议休息时向熟人点头、微笑致意。

3. 主席团成员礼仪

主席团是会议所设立的最高决策领导机构，对于整个会议的成功负有重要的组织责任，因此应以身作则，严格遵守会议纪律，准时到会，按序就座，会议中要精力集中，认真倾听代表的发言。如果会议参会者鼓掌致意，主席团成员应微笑鼓掌作答。有急事要离开会场，应与主持人打招呼，征得主持人同意后再离席，别人发言时不要退席。散会时，依照秩序退场。

4.发言人礼仪

发言代表是会议的重心和主角，是与会人员注意力的集中点。会议发言人要衣冠整齐，走上主席台时步态自然，刚劲有力，体现出成竹在胸的自信风度和气质。

发言前，要环顾全场，分别向会议代表和主席团行礼致意，如有掌声应鼓掌还礼。发言时，一般应使用普通话，要掌握好语速、音量，发言内容简明扼要。如果是书面发言，要时常抬头扫视一下会场，注意与会者的反应。如果与会者提问，要礼貌作答。

发言时间一般不超过大会规定的时间，最后致谢。

5.与会代表礼仪

对与会代表来说，重要的是遵守会议纪律，按时入场。在发言人发言时要认真倾听，作好记录，发言人发言开始和结束时，应鼓掌致意。会议进行时，不私下交谈，不在会场内使用手机，衣着要整洁，仪表要大方。如需提前离开会场，应向有关人员讲明原因并表示歉意，离席时不要影响其他人。

（二）会议的座次之礼

举行正式会议时，通常应事先排定与会者的座次，尤其是其中重要身份者的具体座次。越是重要的会议，它的座次排定往往就越受到社会各界的关注。在实际策划会议时，由于会议的性质和规模多有不同，因此，其具体的座次排定便存在一定的差异。

1.小型会议座次安排

小型会议，可以把会场布置成圆桌型或者方桌型，领导和会议成员可以互相看得见，大家可以无拘无束地自由交谈，这种形式适合于召开15人至20人的小型会议，如工作周例会、月例会、技术会议、董事会。它的主要特征是全体与会者均应排座，不设立专用的主席台。小型会议的排座，目前主要有以下两种具体形式。

（1）面门设座。它一般以面对会议室正门之位为会议主席之座，即尊位。通常会议主席坐在离会议门口最远的桌子末端。主席两边为参加会议的客人和拜访者的座位，或是给高级管理人员、助理坐的，以便能帮助主席分发有关材料、接受指示或完成主席在会议中需要做的事情。

（2）依景设座。所谓依景设座是指会议主席的具体位置不必面对会议室正门，而是应当背依会议室之内的主要景致之所在，如字画、讲台等。

2.大型会议

大型会议即与会者多、规模较大的会议。大型会议在会场上要分设主席台和听众席。

（1）主席台，一般面对会场主入口，面对听众席。主席台成员的桌上要放置正反两面的桌签。主席台排座，具体分为主席团排座、主持人座位、发言者席位等。

第一，主席团排座。会议主席台就座者都是主办方的负责人、贵宾或主席团成员，安排座位时应注意以下惯例：依职务的高低安排座次。职务最高者居中，然后按先左后右（这是国内公务会议的特例，国际惯例则是先右后左）、由前至后的顺序依次排列。正式代表在前，列席代表在后。

第二，主持人坐席。会议主持人（即大会主席）的具体位置：一是居于前排中央；二是居于前排的两侧；三是按其身份排座，但不应就座在后排。

第三，发言者席位。在正式会议上，发言席的常规位置，一是主席台正前方，二是主席台的右前方。

（2）听众席排座。在大型会议上，主席台下的一切座位都是听众座席。听众席排座，可以按以下方式进行：

按汉字笔画排列；按汉语拼音字母排列；按行业系统排列；自由式择座。

如果分为前排和后排，以前排为高，后排为低；如果分为不同楼层，楼层越高，排序越低。

3. 会议常见布置形式

方式		特点
剧院式		会议厅内面向讲台成排摆放座椅，中间留较宽的过道。最大限度利用空间，最大限度容纳人数。座次同大型会议。
教室式		会议室内将桌椅按排端正摆放或成"V"型摆放；参会者可有放置资料及记笔记的桌子。座次原则中间高于两侧，前排高于后排。
方形中空式		会议室内桌子摆成方形中空，椅子摆在外围，常用于学术研讨等会议，容纳人数较少，对会议室空间有一定的要求。座次参见小型会议。
U形		会议桌摆设成一面开口的U字形状，椅子在周围；如需投影可在U形开口处放置。能容纳的人数较少。一般适合小型会议。座次参见小型会议。

案例与讨论

一、情景描述：

天地公司会议室，桌面上有上次会议遗留下来的牛奶盒、一次性水杯等杂物。高叶身着米黄色西服套装来到会议室门口，一一引导与会人员进入会议室。她把客人引领到会议桌对门的座位边，把主持会议的王总引领到会议桌背门的座位边，自己坐在王总右边。王总开始讲话，高叶主动做会议记录。

王总："请先介绍一下贵公司的经营项目和经营状况吧。高秘书，你来做记录。"

高叶："好。"

客人甲："我们公司是由中韩两国合资组建的，成立于2010年，到目前全国各地都有营销点……"

王总："好，贵公司的情况我们都了解了。现在休息一会儿。"

高秘书给客人倒咖啡。她把煮好的咖啡倒入咖啡杯，然后用手从糖块杯中取出糖块一一放上，用汤匙搅一搅，分别放到客人面前。

高叶："请喝咖啡。"

客人乙："谢谢。"

二、个人剖析案例或小组讨论

1．从上文描述中，划出（方法见上文中划线）与会议礼仪相关的知识点和技能点作为评论点；

2．分别对划出的各评论点进行点评。

习礼与训练

　　通过本任务的学习，您一定对会议礼仪的流程有了进一步认知，请为本任务引擎中的总经理助理展鹏先生起草一份"时装秀"的策划案。

任务测试

1．会议名称一般由_____、_____和_____构成。

2．会议的规模有_____、_____、_____。会议的规格有_____档次、档次和_____档次。

3．主席团排座按国内公务、政务惯例：依职务的高低安排座次。职务最高者居中，然后按先_____后_____依次排序。

4．方形中空式的会场布置有什么特点？

5．简述会议结束后的工作程序。

■ 任务 19　良好沟通是成功开始

杨阳大学毕业后进入一大型工程集团工作。上级派她下月中旬前往南方某城市参加一个大型外贸商业洽谈会，为此，她特地准备了高级名牌粉色小洋装。您认为杨阳的装扮适合洽谈会吗？她怎样着装较为妥当，除此之外还应注意哪些洽谈时的基本礼规呢。

　　本任务包括职场洽谈人员礼仪规范和洽谈座次等技能点。通过本任务学习，掌握一般在职场参加洽谈时的行为规范和礼仪通则，以免在这些职场常见的活动中失礼失仪。

知书达"礼"

　　洽谈是公务、商务活动中常见的一项重要活动，必须遵循一定的洽谈礼仪礼规；商务谈判是商界人士所进行的洽谈，是重要的商务活动之一。

一、洽谈人员礼仪规范

洽谈人员礼仪规范	一般要求
仪容整洁	头发：男性发型长短适当，干净整齐；女性，应选择端庄大方的发型。 面部：男性保持干净清爽；女性化淡妆、保持妆容和谐清爽。
服饰规范	男性：深色两件套西装，白色衬衣、素色或条纹领带，配深色袜子和黑色皮鞋。 女性：套裙配肉色长筒丝袜和与套装相适宜的高（中）跟鞋。
言谈举止文明得体	表达准确，口齿清晰，言词有礼，多用敬语和谦语；举止大方，优雅得体。

二、洽谈礼仪

（一）基本礼仪

1. 提前约定时间，并按时赴约

从事商务活动的人都拥有较强的时间观念。因此，在洽谈之前双方应提前约定时间，做好洽谈的准备。一旦相约，双方都必须按时赴约，若迫不得已需要更改时间，应提前通知对方。言而无信的人，会失去信用和双方合作的机会。

2. 创造和谐的洽谈气氛

商务洽谈的结果最终影响着利益的分配，因此双方人员会据理力争，免不了有一番唇枪舌战，只有运用恰当得体的语言、灵活多变的策略，创造良好的洽谈气氛，变不利因素为有利因素，"化干戈为玉帛"，推动双方在友好的气氛中解决问题。

3. 以礼相待，真诚合作

在商务洽谈中，双方应表现出真诚的合作态度，互相尊重，以礼相待。在把握目标坚定性和策略灵活性的前提下，本着互谅、互让、互惠的原则，体现尊重平等从而取得洽谈的成功。即使没有"达成一致"，也要彬彬有礼，宽容大度，为以后的合作打下良好的基础。

4. 参加洽谈的人员应注意的礼仪

（1）自我介绍

自我介绍要得体，在自我介绍后，可递上名片加深印象，表现自然、大方得体、不卑不亢。

（2）提问时语气委婉

洽谈时要讲究一定的技巧和礼仪。在提问内容上，不要问与洽谈内容无关的问题，或是追问对方难以回答的问题，使对方感到尴尬和难堪。如提出的问题对方一时答不了或不愿回答，就不要追问，随机应变，适时转换话题。

（3）回答问题实事求是

回答对方的问题要实事求是，不可敷衍了事或答非所问。如果对方对某个问题不甚了解，要耐心地向对方作出解释，切不可表现得不耐烦，甚至不屑一顾。如果有些问题不便回答，可以委婉说明。

（二）洽谈座次礼仪

商务洽谈中，座次排列是重要的礼仪规范体现，它的排序要依据会场环境而定，一般可分为横桌式和竖桌式。

横桌式即会谈桌在谈判厅里桌子的长边对着门摆放；竖桌式即会谈桌在谈判厅里桌子的短边对着门摆放。

会谈桌横放时，面门的一方为上，应属于客方，背对正门的一方为下，应属于主方；

会谈桌竖放时，应以进门的方向为参照，右侧为上，应属于客方，左侧为下，应属于主方。

双方首席中间就座，译员在其右，其余遵右高左低原则分坐主谈两侧。

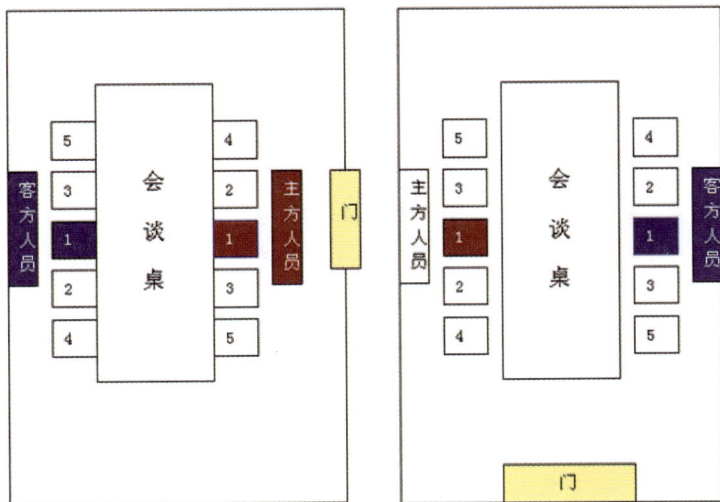

案例与讨论

王先生是国内一家大型外贸公司的总经理，为一批机械设备的出口事宜，携秘书韩小姐等若干人赶赴伊朗进行商务洽谈。

王先生一行在抵达伊朗的当天下午就到交易方的公司进行拜访，不料正巧遇上他们祷告时间。主人示意他们稍作等候再进行会谈，以办事效率高而闻名的王先生对这样的安排表示不满，频频看手表。随后，东道主为表示对王先生一行的欢迎，特意举行了欢迎晚会。秘书韩小姐希望以简洁、时尚的服饰展示中国女性的精明、能干、美丽、大方，为此特穿上白色无袖紧身上衣，下穿蓝色短裙，在众人略显异样的眼光中步入会场。为表示敬意，主人向每一位中国来宾递上饮料，惯用左手的韩小姐伸出左手接下饮料。

在接下来的会谈中，一向很有合作诚意的东道主没有再和他们进行任何实质性的会谈。这使王先生一行颇为不解。

1. 王先生一行的失礼之处（　　　）

A 对对方祷告很不耐烦　　　B 韩小姐的紧身衣和短裙

C 韩小姐左手接过饮料　　　D 以上举动都是失礼的

2. 这则案例说明，在涉外交往中（　　　）

A 要尊重对方习俗　　　B 要灵活而有耐心

C 要坚持平等相待　　　D 要懂得欣赏差异

习礼与训练

一、背景描述

A 贸易公司与某大型企业集团进行有关机器出口的业务洽谈，洽谈地点准备在 A 公司的会议室。主客双方主要参与人员各 5 人，主方 A 公司要为此次洽谈作一个详细的安排。

二、任务要求：

1. 针对上述背景材料结合本任务知识点，设计洽谈场景，分组进行角色模拟，作出主客方的座次安排。

2. 说明出席上述商务洽谈应注意哪些礼仪规范。

任务测试

1. 某中方代表团赴韩国某公司进行商务洽谈，其小型会议室如图，请示意中韩双方的位次和国旗的排放位置。

2. 商务洽谈中，座次排列是重要的礼仪规范体现，它的排定要依据会场的设置，一般可分为_____和_____。

3. 会谈桌竖放时，应以进门的方向为参照，_____侧为上，应属于_____，_____为下，应属于_____。

4. 横桌式洽谈时，除双方主谈者居中就座外，各方的其他人士则应依其具体身份的高低，各自按（　　）、（　　）的顺序分别在己方一侧就座。

A. 先左后右　自低而高　　　B. 先左后右　自高而低

C. 先右后左　自高而低　　　D. 先右后左　自低而高

5. 一般而言，洽谈的礼仪重点涉及（　　）等方面。

A. 参与洽谈的人员的礼仪　　　B. 洽谈的座次　　　C. 洽谈的技巧

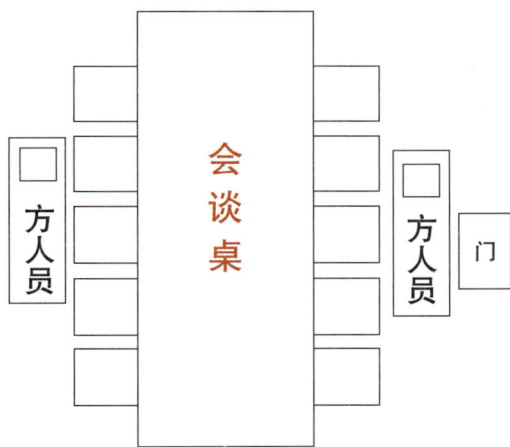

■ 任务20　轻轻一剪有规矩

　　1912年，美国某小镇一家百货公司将要开张。老板威尔斯按照当地风俗，在早早开着的店门前横系一条布带，防止店铺未开张前闯入闲人，同时又引人注目，店铺正式开张时再将布带取走。万事俱备，只等开张。这时老板十岁的女儿牵着一只哈巴狗从店里匆匆跑出，无意中拉断了这条带子，这时门外等候的顾客以为开张营业了，蜂拥而入，真是生意兴隆。

　　不久，老板的一个分公司又开张时，想起第一次开张的盛况，又如法炮制。这次有意让小女把布带拉断，果然财运又不错。于是，人们认为让女孩拉断布带的做法是极好的兆头，因而争相效法。此后，凡新开张的商店都邀请年轻的姑娘来撕断布带。后来人们又用彩带取代色彩单调的布带，用剪刀代替手撕，人们就给这种方式命名为"剪彩"。剪彩的人也逐步被一些德高望重的社会名流甚至是国家元首代替。

　　本任务关键技能点主要有剪彩流程与剪彩者之礼、位次排序等。通过本单元的学习，学员能够了解常用剪彩仪式的起源、基本流程与礼仪规范，以免在常见的商务活动中失仪失礼。

知书达"礼"

一、剪彩的一般流程

　　剪彩仪式是有关组织为了庆贺其成立开业、大型建筑物落成、新造的车船和飞机出厂、道路桥梁落成首次通车、大型展销会、展览会的开幕而举行的一种庆祝活动。剪彩作为一种庆典仪式，可以在开业典礼中举行，也可举行专门的剪彩仪式，以期引起社会各界的重视。

剪彩的流程一般有下面几个步骤：

来宾就位 ⟶ 宣布开始 ⟶ 奏国歌 ⟶ 剪彩开始 ⟶ 代表发言 ⟶ 参观

1. 请来宾就位

在剪彩仪式上，通常只为剪彩者、来宾和剪彩单位的负责人安排座席。在剪彩仪式开始时，敬请大家在已排好顺序的座位上就座。

2. 宣布仪式正式开始

在主持人宣布仪式开始后，乐队应演奏音乐，现场可燃放鞭炮，全体到场者应热烈鼓掌。此后，主持人应向全体到场者介绍到场的重要来宾。

3. 奏国歌

此刻须全场起立。必要时，亦可随后演奏本单位标志性歌曲。

4. 代表发言

发言者依次应为东道主单位的代表、上级主管部门的代表、地方政府的代表、合作单位的代表等等。其内容应言简意赅，每人不超过三分钟，重点分别应为介绍、道谢与致贺。

5. 剪彩开始

此刻，全体应热烈鼓掌，必要时还可奏乐或燃放鞭炮。

6. 参观

剪彩之后，主人应陪同来宾参观被剪彩之物，仪式至此宣告结束。随后东道主单位可向来宾赠送纪念性礼品，并以自助餐款待全体来宾。

二、剪彩的基本礼仪

（一）邀请参加者

参加剪彩仪式的人员主要分为：主办单位负责人和组织仪式的人员；上级领导、主管单位负责人、知名人士、记者等来宾；主办单位企业的员工；有关管理人员和技术人员。通过参加仪式，参加者身临其境，感受项目或展览的重要，从而形成深刻难忘的印象。对仪式的参加者应做好接待工作。当宾客到达时，接待人员要请宾客签到，然后引领他们到指定的位置上。

（二）准备工作

1. 主席台

剪彩仪式的主席台要事先布置好，摆放茶水和就职人员的名牌。

2. 剪彩仪式的用品

剪彩仪式的用品，如剪刀、白手套、托盘应按剪彩者人数配齐，系有花结的大红缎带约2米，馈赠的纪念性小礼品也应准备好。

用品	作用描述
	剪刀：剪彩者人手一把，事先要逐把检查是否开刃以确保剪彩时一举成功，切勿一再补刀。仪式结束后主办方可将每位剪彩者使用的剪刀经包装后赠送给对方以示纪念。
	绸花：由一匹红绸在中间结成花团做成。作为剪彩仪式中的"彩"，它是主角，是公众瞩目之处，按传统作法应由一整匹未曾使用的红绸制作。
	白色手套：在剪彩仪式上，剪彩者最好每人戴上一副白色手套，以示郑重其事。在准备时除确保数量充足之外，还须大小合适、洁白干净。
	红色地毯：铺设在剪彩者站立之处，长度可视剪彩人数多寡而定，宽度不应低于1米。主要为提升其档次并营造喜庆气氛。

（三）剪彩者和助剪者形象礼仪

根据惯例，剪彩者可以是一个人，也可以是几个人，但是一般不应多于五人。通常，剪彩者多由上级领导、合作伙伴、社会名流、员工代表或客户代表所担任。

剪彩者是剪彩仪式的主角，其仪表举止直接关系到剪裁仪式的效果和组织形象，因此，作为剪彩者要有荣誉感和责任感，衣着大方、整洁、挺括，容貌要适当修饰，剪彩过程中要保持稳重的姿态、洒脱的风度和优雅的举止。

助剪者，通常由礼仪小姐担任。礼仪小姐可从本组织中挑选，也可到礼仪公司聘请。礼仪小姐的仪容、仪表、仪态需文雅、大方、端庄，着装宜选择西式套装或红色旗袍，穿高跟鞋，配长统丝袜，化淡妆，并以盘起发髻的发型为佳。

举止行为要规范。在仪式进行中，礼仪小姐应训练有素，走有走姿，站有站相，整齐有序，动作一致。尤其应注意做到的是，始终保持应有的微笑。如遇意外情况，礼仪小姐应平静地处理。

工作责任心要强。礼仪小姐在剪彩仪式中，应以规范的举止在服务中展示本单位的形象和风采，所以礼仪小姐的工作需要有较强的自控力和高度的责任心。

（四）剪彩仪式上的礼仪

仪式主持人在宣布仪式开始时，声音要高亢响亮。然后，向到会者介绍参加剪彩仪式的领导人、负责人与知名人士，并对他们表示谢意，同时，也对在场的其他与会者表示感谢。感谢还要用掌声表示，主持人把两手高举起一些，以作为对在场各位鼓掌引导的暗示。仪式上可以安排简短发言，发言应言简意赅，充满热情，两三分钟即可，发言者一般为东道主的代表，向东道主表示祝贺的上级主管部门、地方政府及其他协作单位的代表。

主持人宣布正式剪彩之后，剪彩者应在礼仪小姐的引导下，步履稳健地走向剪彩位置，如有几位剪彩者时应让中间主剪者走在前面，其他剪彩者紧随其后走向自己的剪彩位置。主席台上的人员一般要尾随至剪彩者之后 1~2 米处站立。当礼仪小姐用托盘呈上白手套、新剪刀时，剪彩者可用微笑表示谢意并随即接过手套和剪刀。剪彩前要向手拉缎带的礼仪小姐点头示意，然后全神贯注、表情庄重地将缎带用剪刀剪断。如果几位剪彩者共同剪彩，要注意协调行动，处在外段的剪彩者应用眼睛余光注视处于中间位置的剪彩者的动作，力争同时剪断彩带。还应与礼仪小姐配合，让彩球落于托盘中，剪彩者在放下剪刀后，应转身向周围的人鼓掌致意，并与主人进行礼节性谈话，然后在礼仪人员引导下退场。

📚 案例与讨论

　　A企业加盟某外资企业成功，举办了相关产品下线的剪彩仪式。在仪式中，A企业代表身着深色西装，神采奕奕地致辞【1】："先生们、女士们，大家下午好，我非常高兴……"（外资企业代表中有两位女士、三位男士）【2】。接下来在剪彩过程中，由于新买的剪刀尚未开刃，几位剪彩嘉宾反复操作才将红绸缎剪开，以致红绸结掉落在主席台上【3】。

　　请结合本单元内容，分析上述标出的各点是否符合剪彩的基本礼仪，若有失礼之处请分析是哪个环节出现了问题。

📒 习礼与训练

　　一、背景描述

　　X公司准备进军江苏市场，根据业务需要，准备在苏北建立一家分公司，经筹备现一切准备就绪，特为苏北分公司举办开业剪彩。

　　二、要求

　　1.根据背景描述结合本单元内容，设计剪彩场景脚本；

　　2.按设计的脚本分组进行角色扮演，模拟开业剪彩的仪式准备及剪彩礼仪。

　　3.讨论与评价情景模拟中表现。

📂 任务测试

　　1. 剪彩仪式传说起源于_____。

　　2. 简述剪彩仪式的一般流程。

　　3. 剪彩仪式的必备用品有（　　）。

　　A. 剪刀　　　B.签字笔　　　C.托盘　　　D.红色绸缎花结

　　4. 主席台上的人员一般要尾随至剪彩者之后_____米处站立。

　　5. 若剪彩时有多个剪彩嘉宾，剪刀可以一人多用。（　　　　）

　　A.正确　　　B.错误

■ 任务21　缔结合作契约

　　7月15日是QZ电力公司与美国某公司正式签字的日子。签字仪式的现场设在QZ电力公司总部十楼的大会议室；办公室主任陈程指挥工作人员在会议室摆放了鲜花，长方形签字桌上铺设了深绿色的台呢布，摆放了中美两国的国旗，美国国旗放在签字桌左侧，中国国旗放在右侧，签字文本一式两份放在黑色塑料的文件夹内，签字笔、吸墨器文具分别置放在两边，空调温度控制20℃……觉得一切具备，他请办公室林秘书通知董事长、总经理等我方签字人员在会议室等待，自己信心满满的到楼下准备迎接客商……您认为陈主任安排的是否妥当？

　　本任务关键技能点主要有签字仪式流程、签字文本的准备、签字厅的布置、签字厅的座次安排等。通过本任务的学习，了解签字活动的基本流程，学会签字仪式中基本的礼仪规范，以免在常见的商务活动场合失仪失礼。

知书达"礼"

一、签字的一般流程

　　签字仪式是政府、部门、企业之间通过谈判，就政治、军事、经济、科技等某一领域相互关系协商、缔结条约、协定或公约时举行的仪式。签字仪式有比较严格的程序及礼节规范，这不仅显示出签字仪式的正式、庄重、严肃，同时也表明双方对缔结条约的重视及对对方的尊重。

签字的流程一般包含草拟、准备和签字三个阶段。

二、签字仪式的礼仪

（一）草拟阶段

草拟阶段要进行签字文本的准备。负责为签字仪式提供待签的合同文本的主方，应会同有关各方一道指定专人，共同负责合同的定稿、校对、印刷、装订、盖火漆印工作。按常规，应为在合同上正式签字的有关各方，均提供一份待签的合同文本。必要时，还可再向各方提供一份副本。

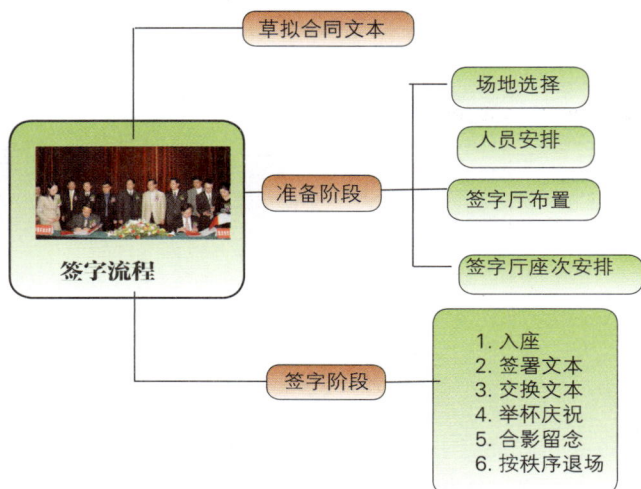

签署涉外商务合同时，比照国际惯例，待签的合同文本应同时使用有关各方法定的官方语言，或是使用国际上通行的英文、法文。此外，亦可同时并用有关各方法定的官方语言与英文或法文。

待签的合同文本，应以精美的白纸印制而成，按大八开（295毫米×440毫米）的规格装订成册，并以高档质料，如真皮、金属、软木等作为其封面。

（二）准备阶段

1. 场地选择

场地布置：客人所住的宾馆、饭店，或东道主的会客厅、洽谈室；

陈列物品：陈列各自保存的文本；签字时使用的签字笔、吸墨器；

国际商务谈判协议的签字桌中间摆一个旗架,悬挂签字国双方的国旗。;

2. 人员安排

签字者：可由谈判代表或具体部门负责人签,但双方签字人的身份应该大致对等;

助签人：参加签字的有关各方事先还应安排一名熟悉签字仪式详细程序的助签人,并商定好签字的有关细节;

出席签字仪式的领导及陪同人员：人数最好大体相同。

3. 签字厅布置

签字厅布置的原则：庄重、整洁、清静。

（1）厅堂铺满地毯。

（2）签字桌上应放置好待签的合同文本以及签字笔。

（3）签字桌上可以铺深绿色台呢。

（4）签字桌后可摆放适当桌椅。

4. 签字厅座次安排

（1）双边签约

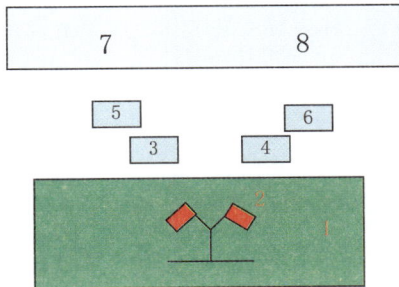

签字厅座次安排
1. 签字桌
2. 双方旗帜
3. 客方签字人
4. 主方签字人
5. 客方助签人
6. 主方助签人
7. 客方参加签字仪式人员
8. 主方参加签字仪式人员

（2）多边签字时

多边签字时,只签1份正本。签字人员座次按国家英文名称当头字母顺序排列。排列最前的国家居中,以下按顺序先右后左向两边排开。

参加人员按身份高低从前向后就座。

（三）签字阶段

这一阶段是双方最为关注的阶段，虽然签字仪式的时间不长，但它是合同、协议签署的高潮，其程序规范、庄重而热烈，所以参加签字的每一个人都要格外重视自己当时的仪表、仪态。

1. 入座

按照国际惯例，签字者按照主居左、客居右的位置入座，对方其他陪同人员分主客两方各自职位、身份高低为序，自左向右（客方）或自右向左（主方）排列站于各签字人之后，或坐在己方签字者的对面。双方助签人分别站在己方签字者的外侧，协助翻揭文本，指明签字处，并为已签署的文件吸墨防污。

2. 签署文本

签字人签署文本通常的做法是先签署己方保存的合同文本，再接着签署他方保存的合同文本，这一做法在礼仪上称为"轮换制"。每个签字人在由己方保留的合同文本上签字时，按惯例应当名列首位。因此，每个签字人均应首先签署己方保存的合同文本，然后再交由他方签字人签字（由助签人交换），其含义是在位次排列上，轮流使有关各方有机会居于首位一次，以显示机会均等，各方平等。

3. 交换文本

双方签字人正式交换已经有各方正式签署的文本，交换后各方签字人应热烈握手，互致祝贺，并相互交换各自方才使用过的签字笔，以志纪念。这时全场人员应该鼓掌，表示祝贺

4. 举杯庆贺

签字人当场倒上一杯香槟酒是国际上通用的旨在增添喜庆色彩的做法。

5. 合影留念

有的签字仪式允许从头至尾的拍照而不受限制，但有的只允许拍摄其中某一场面。不论哪种要求，如安排双方人员合影留念，一般应请双方人员列成一行，客方人员按其身份自左至右居于右侧，主方人员按其身份自右而左居于左侧。若一行站不开时，则可参照"前高后低"的规则，排成两行或三行。

6. 按秩序退场

先请双方最高领导者及客方先退场，然后东道主再退场。

案例与讨论

经过本任务的学习，您一定对签字礼仪加深了了解。请对任务引擎中的案例进行剖析，办公室主任陈程在签字活动的安排中哪些地方安排不当，请您整理讨论结果为这次签字活动列出礼仪清单。

习礼与训练

将学员分成两组，按主、客方分别近行签字仪式的模拟练习。要求：

1.按照国际通行的签字仪式程序，从进入仪式现场，到开饮香摈后退场，进行完整的模拟训练。

2．两组学员角色分配如下：

主方：签字代表 1 位，助签人员 1 位；其他同学若干作为主方参加仪式的人员；

客方：签字代表 1 位，助签人员 1 位；其他同学若干作为客参加仪式的人员；

1 名同学担任递送香槟的礼仪人员。

任务测试

1.按照国际惯例，签字者按照主居_____客居_____的位置入座，对方其他陪同人员分主客两方各自职位、身份高低为序，自_____向_____（客方）或自_____向_____（主方）排列站于各签字人之后，或坐在己方签字者的对面。

2.签字流程分一般分_____、_____和_____签字三个阶段。

3.在签字阶段一般程序为入座_____、_____、_____、_____和按秩序退场。

4.按照国际惯例，待签的文本应同时使用有关各方法定的官方语言，或者使用国际上通行的_____、_____。

本篇综合训练

一、任务综合训练描述

1. 仔细阅读下列面试场景模拟资料，与同学组成学习小组按背景资料设计面试场景分角色进行模拟。

2. 对背景资料中标出的技能点进行点评。

资料：王某毕业于某名牌大学工商管理学院，毕业后参加了市公务员考试，通过了笔试，并被市财政局通知面试。进入市财政局大门之前，王某将西服上装的扣子扣上（评1），然后走到行政部门OG（officegirl）面前……

王某：我是××大学的应届毕业生，贵单位约我今天下午2∶30（评2）来面试，请问是在哪个房间？（OG看到王某拘谨的样子，微笑）

OG：啊，是王某吗？接待室在五层501室，吴先生负责接见……

（王某按照OG的指点，走到收发室旁边的电梯旁等待，习惯地将手插入了裤子口袋（评3），驼背显现出来）

（王某乘电梯登上了五层楼，来到接待室门外，已经有五人等在那里，脸上都流露出紧张的神情。有人在读知识性丛书，有人在不安地东张西望，王某坐在沙发上，掏出香烟点上一支（评4），吸了起来。面试接待室总共三处，等候面试者按先后顺序被通知到室内应试。大约有三五个人聚在一起，议论着"你答的怎么样""有个问题……"，像是同学结伴前来的（评5）。"××大学工商管理学院的王某请到第二接待室！"OG按照接待顺序说道。）

王某：到！是第二接待室吗？谢谢。

（已等候了20分钟的王某听到OG叫自己的名字，响亮地回答了一声"到"，从沙发上站起来，深深地吸了一口气，然后走向接待室。在室外，他又一次整理了仪容，轻轻地叩了两下房门（评6），室内传来了"请进"的招呼。"啊，开始了！"王某在心底默默对自己说……）

（王某振作精神，推开接待室的房门。接待室内坐着三位考官，他们的目光一齐落在王某身上。王某轻轻地点了点头，然后面向房门方向（评7），将房门轻轻关上）

王某：我是××大学工商管理学院毕业生王某，请多关照（鞠躬）。

考官1：你是王某吗？请在那儿坐。

按照考官1的指示，王某坐到摆在接待室中央的那张椅子上，同时向考官1道声"谢谢"。王某深坐在椅子上（评8），努力摆正姿势，将手轻轻放在膝头，目光落在坐于中间的考官鼻子的高度（评9）……

考官1：我们随便聊聊，看上去你有点紧张啊（评10）？！

王某：是有点紧张，因为事关重大，所以……

考官1：你是××大学工商管理学院的毕业生，你在个人材料上讲，第一次高考成绩上了本科线，但没去上学，复读了一年后考上了××大学工商管理学院，你为什么要考工商管理学院？

王某：想考××大学工商管理学院有两个原因。其一是该校学风正，有许多名教授；其二，我对工商管理兴趣较大，所以我宁可复读一年，也要考上××学工商管理学院（评11）。

考官2：（一边浏览王某的求职书和成绩单）噢，想当未来的MBA吧，可你的专业成绩好像不是很理想啊？

（王某微欠身体，眼光转向问话者——考官2）

王某：大学期间忙于"打工（即勤工俭学）"，是一个原因，另外，我的兴趣后来主要转移到了"流通经济论"，故对专业方面没太下功夫。

考官2：看成绩单你在"流通经济"方面，还是下了一些功夫。请你简单地说说它的内容？

王某：这门学科研究的主要内容是：在当今的流通产业中，随着INS（高灵敏信息通讯系统）和VAS（附加价值通讯网）的发展，流通机制将发生哪些变化，我们应该如何适应这种变化……

王某在不知不觉间，手离开了膝盖，舞动起来。紧张时往往容易出现各种小动作（评12）。

考官2：你对此好像是有一些研究。不过研究方面的问题需要较深的计算机方面的造诣，可从成绩单来看，你的计算机学习成绩不太好啊！（评13）这是由于……

王某：是不太好。主要是一、二年级时，经常外出"打工"，另外还参加了足球俱乐部，耽误了一些时间。不过进入三年级之后，我在这方面下了功夫，我"打工"的公司几乎都是与计算机有关的，这是我为他们工作的项目……（递过一张有关研究成果的证明）

考官2：平时经常喝酒吗？（评14）

王某：很喜欢喝。但一般是和同学、朋友在一起时喝点儿啤酒和清酒。自己一个人的时候，从不喝酒。不过最近有一次喝醉了，半夜起来吐了几次，以后再不这样喝了……（王某不好意思地笑，考官2点头表示理解）

考官1：请谈谈你的长处。

王某：我比较善于与人相处，这可能是在"打工"时逐渐养成的。无论是什么样性格的人，我都能很快地和他成为朋友。到欧洲旅游时，我同许多外国人交了朋友，没有一点不适应的地方。

考官2：那么，再请你谈谈你的短处。

王某：主要是大大咧咧，什么都不在乎。这是一个缺点，有时朋友们总说我。例如：有一次，我同一个朋友去吃饭，看到有一位男子独自在饮酒，我凑过去一问，原来竟是校友。他比我早五年毕业，于是就同他一起喝了起来，一直到很晚。最后，老校友替我结了账，还用出租车把我送回宿舍，朋友说我真是"脸皮厚"，嘿嘿……（评15）

考官1：再请问一下，你认为在今后的工作中，最重要的是什么？

（王某恢复到原来严肃的表情，郑重其事地思考了片刻（评16），

然后回答）

王某：最重要的是与人配合。无论是对朋友或对其他人，都要以诚相待。许多事业上的失败都是与人际关系上的失败分不开的。我现在"打工"的那个公司，有的上司就是媚上谄下的人，结果业绩很糟糕，我今后决不能成为这样的人……

考官1：好，今天谈到这里，请回去静候回音。今天辛苦了，再见。

（王某道谢（评17）后退出，面试结束）

本篇综合评估

一、面试前心理测试

（一）综合评估情境描述：完成下列面试前的心理测试。

（1）面试还有好几天，我就已经坐立不安了。

（2）临近面试时，我会拉肚子。

（3）一想到面试即将来临，我的身体就会发僵。

（4）面试前，我总感到苦恼。

（5）面试前，我感到烦躁，脾气也变坏。

（6）面试准备期间，我常会想到："如果面试没通过，我该怎么办？"

（7）面试一天天逼近，我的注意力越来越难以集中。

（8）一想到马上就要面试了，参加任何文娱活动我都觉得没劲。

（9）面试前，我常常预感到"这次要糟"。

（10）面试前，我常做关于面试的梦。

（11）面试前，我上厕所的次数增多。

（12）面试前，我常常感到头痛。

（13）我担心，如果我通不过面试，有些人会瞧不起我。

（14）面试是一种让我厌烦的人才考查方式。

（15）如果面试不关系到我的未来，我会喜欢它的。

（16）面试气氛不应当过于紧张。

（二）综合评估的标准和结果分析

选"从不"得1分；"有时"得2分；"经常"得3分；

如果你得分在0～6分，你很镇定，心态较放松。

如果得分近乎是零，说明你对面试毫不在乎；

如果分在12～24分，说明你有着轻度的焦虑；

如果得分在25～37分，你的焦虑感就过高了，如不采取有效措施，在面试中，你将难以发挥出正常的水平；

如果得分在37分以上，就说明你已经患上"面试焦虑症"，对于面试有着莫名其妙的恐惧感，在面试中，你往往会严重"怯场"，必须要扭转这种局面。

二、面试礼仪自我检视

（一）以下是一份求职面试礼仪的自我检视清单，请对照检查，您的求职面试礼仪是否有不妥之处，如有请及时予以改正。

时段	检视事项	检视情况
面试前的礼仪	1. 头发干净自然，如要染发则注意颜色和发型不可太标新立异。	
	2. 服饰大方、整齐合身。男女皆以时尚大方的套服为宜。	
	3. 面试前一天修剪指甲，忌涂指甲油。	
	4. 不要佩戴标新立异的装饰物。	
	5. 选择平时习惯穿的皮鞋，出门办事前一定要清洁。	
面试过程礼仪	1. 任何情况下都要注意进房先敲门。	
	2. 待人态度从容，有礼貌。	
	3. 眼睛平视，面带微笑。	
	4. 说话清晰，音量适中。	
	5. 神情专注，切忌边说话边整理头发。	
	6. 手势不宜过多，需要时适度配合。	
面试结束时的礼仪	1. 礼貌地与主考官握手并致谢。	
	2. 轻声起立并将坐椅轻手推至原位置。	
	3. 出公司大门时对接待人员表示感谢。	
	4. 24小时之内发出书面感谢信。	

（二）评估标准和结果分析

平时应多方面注意自己的举止和言行，并在职场中不断练习。通过本项测试，更好地掌握面试礼仪技巧。

第六篇　现代通联礼仪

　　通联礼仪是指人们进行通讯、联络时所应遵循的基本行为规范。随着现代社会的发展，人类通联的方式更为多样，既有传统的书信、电话，又可选择更为便捷的互联网。遵守现代通联礼仪，是维持良好的人际关系的重要前提。熟悉现代社会通联方式，将为我们的社会生活带来诸多便利。本篇以现代电子通联礼仪为主，教学内容包含电话礼仪、电子邮件、网络礼仪。

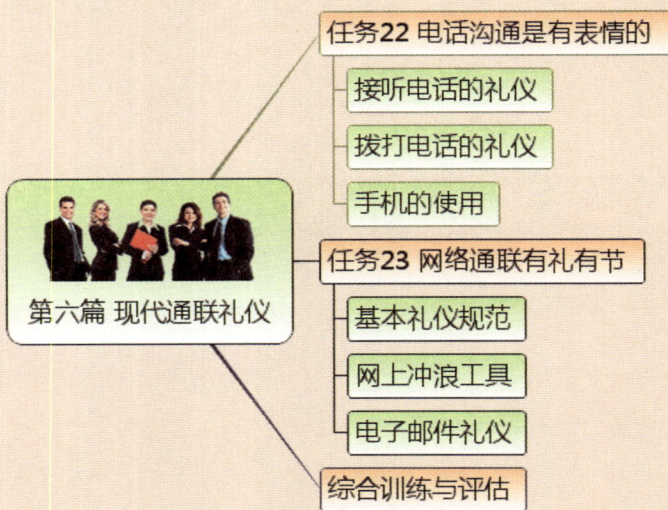

任务22 电话沟通是有表情的

接听电话的礼仪

拨打电话的礼仪

手机的使用

第六篇 现代通联礼仪

任务23 网络通联有礼有节

基本礼仪规范

网上冲浪工具

电子邮件礼仪

综合训练与评估

【学习目标】

通过本篇的学习，学员能够：
1. 掌握社交活动中通联的基本礼仪元素；
2. 掌握电话通联技巧和现代化通联手段；
3. 学会使用网上冲浪工具及使用中的礼仪规范。

■任务22　电话沟通是有表情的

　　某公司的业务王主管打电话给甲公司，但拿起电话却不小心口误说成了乙公司。甲公司的接话人一听要找的是自己的竞争对手，没好气地说："你打错了"，然后，"啪"的一下就挂断了电话。

　　后来这位业务主管没再打电话。请您分析这位主管为什么没和甲公司合作？

　　在日常生活中，电话是人们使用最多的通讯工具，通过对本任务的学习，同学们应能正确使用电话，掌握电话通话技巧，做到既完成任务，又能使通话对象领会自己的善良和敬意，因为对方的感受会影响到对方对自己的整体评价。

知书达"礼"

一、接听电话的礼仪

（一）接听电话的原则

　　接听电话要及时，一般在三声之内迅速接听。

　　（1）微笑（站立），用敬语问好，注意语调和语速。

　　（2）主动报单位、部门名称并介绍自己。

　　（3）耐心为对方提供帮助。

　　如："您好，我是××"或"您好！这里是××单位××部门，很高兴为您服务。"或"请问我能够为您做些什么？"等。

（二）接听电话的技巧

（1）接听电话时应认真聆听、应答、互动，忌吃东西、忌和他人讲话、忌不耐烦。

（2）通话时一般不打断对方，如确实有必要打断对方时，应说"对不起，打断一下"。

（3）通话时如有他人过来，应点头致意；如果需与来人讲话，应讲"请您稍等"，然后捂住话筒，小声交谈。

（4）对于自己不了解的人或事情不轻易表态，尤其是否定。

（5）转接电话的礼仪。若对方要找的人在办公室，则说"请您稍等"；若对方要找的人不在，则询问是否需要留言或回电，将来电所托之事项记录在"电话留言便条"上，记录后复述内容，务必准确、全面。留言或转告要立即执行，以口头或以便条形式转达，不要随便将上司或同事的手机号码告诉他人。

（6）电话机旁应备有纸、笔。

按来电对象、来电时间、来电内容......做好电话记录。

（7）礼貌地结束通话。一般由打电话者或尊者先放电话。

二、拨打电话的礼仪

（一）拨打电话的时机与准备

1. 时间与时机的选择得当

打电话的过程可以反映一个人的素养和礼仪。在不合适的时间打电话，会比较容易受到排斥。因此，在选择打电话的时间时，要注意：

不要在他人休息的时间打电话，每天上午 7 点之前、晚上 10 点之后、午休和用餐时间都不宜打电话。另外，还要考虑对方所在地区的时差和工作时间的差异。

非公务电话应避免在对方的通话高峰和业务繁忙的时间内拨打。

2. 做好准备工作

（1）资料准备。电话记录簿、记录笔、电话号码簿以及常用电话号码表。

（2）核实信息。要准确核查（或记下）通话对方的电话号码、联系地址、姓名。

（3）选择时间。拨号之前，应想一下此时此刻与对方通话是否合适，在可能的情况下，就尽量选择在对方方便的时间通话。

（4）打好草稿。内容重要的、数据复杂的、时间约定严格的电话，必须先打好草稿，经核对无误后，方可拨号。

（5）配备电话录音设备，对内容重要的电话要及时录下。

（6）注意选择接听电话人。根据电话内容的不同，注意确定接打电话人员。

（二）拨打电话的礼貌

1. 电话接通后

（1）相识的人，简单问候后即谈主题。

（2）不相识的人，先讲明自己的身份、目的，再谈问题。

（3）用"您好"、"请"、"谢谢"、"对不起"等礼貌用语。

（4）表达全面、简明扼要。

（5）交谈中如有紧急事情需要处理，要礼貌告知对方，以免误会，未讲清的事情要再约时间并履行诺言。

2. 特殊情况处理

（1）如所找对象不在，应委托他人简明扼要说明缘由，主动留言，留下联系方式和自己的姓名。

（2）记住委托人的姓名、致谢。

三、手机的使用

手机礼仪是指日常生活中使用手机时应该注意的细节。目前在社交场合和工作场合无节制的使用手机已成为社交礼仪的新问题，手机的文明使用越来越受到关注。

（一）手机使用的场合

我们平时在会议中、洽谈业务时、餐桌上 …… 应该把手机调到振动状态或关掉，这是对别人的尊重，也是自己有教养的体现。

（二）手机使用的一般注意事项

1. 选择适合的手机铃声

手机铃声的选择应适合使用者的年龄、职业，以免不适宜的手机铃声有损您的社交形象。

2. 发信息的文明礼貌

你发出的短信意味着你的修养和品位，不要编辑或转发不健康的短信，编发短信一般应有称谓和落款署名。工作时不要抱着手机频发短信和刷微信圈，那样会让他人认为你工作时心不在焉。

3. 别滥用拍照功能

不要滥用手机的拍照功能，在办公室拍照更要谨慎，以免引起同事的不满。

4. 注意通话语气语调

在医院、楼梯、电梯、路口、人行道等地方，使用手机应把自己的声音尽可能地压低，尤其在医院的特定科室不要使用手机，以免影响医院的电子设备。

文明使用手机是对别人的尊重，也体现了个人的内涵与修养。从我做起，践行礼仪，养成文明使用手机的习惯。

案例与讨论

经过本任务的学习，您一定对电话礼仪加深了了解。请结合本任务单元知识点对单元引擎中的案例进行讨论，您认为案例中的王主管为何没再跟甲公司合作。整理讨论结果，为任务引擎中的甲公司列出接听电话的礼仪清单。

习礼与训练

请您与其他学员结合本职工作或生活场景进行角色模拟，完成下列各项：

两人为一组，设定不同场景（如拨打电话、接听电话、转接电话、电话留言等），进行电话礼仪模拟。

1. 模拟上级来电布置接待任务电话；

2.模拟接到来电咨询业务电话；

3.模拟接到打错电话；

4.模拟办公时间朋友打来的电话；

5.模拟有电话找你的同事，同事不在座位上；

6.模拟跟客户打电话到一半手机没电。

任务测试

1.接电话的"三声"原则是什么意思？

2.打电话的"三分钟"原则指什么？

3.早上9点打电话给新疆的一个朋友合适吗？

4.边嚼口香糖边接听主管打来的电话是否影响形象？

5.接到打错的电话应当如何处理？

■ 任务 23   网络通联有礼有节

任务引擎

亲爱的读者，您是否也受到来自QQ网友网络广告的轰炸；您是否遭遇过QQ号被盗且以您名义招摇撞骗的尴尬……网络时代给人们的社交生活带来了巨大的变化和便利，同时也给我们带来了一些烦恼和不快……您认为"网上冲浪"应遵循哪些礼仪规范？

人们的生活越来越离不开网络，网络已经成为人们工作、学习、生活和娱乐的重要平台，也是真实的社会生活在虚拟世界的投影。真实世界需要礼仪和道德约束，网络生活也不例外。网络礼仪是互联网使用者在网上对其他人应有的礼仪，它关系到一个人的修养、内涵。上网时遵守网络礼仪是很重要的，这样既是尊重他人，也是尊重自己。

通过本任务的学习和训练，学员能够理解和掌握网络礼仪规范；掌握 QQ、博客、播客、微博等网络冲浪工具的操作规范。

知书达"礼"

一、基本礼仪规范

1. 以人为本

网络礼仪是互联网使用者在网上与他人交往的行为规范。网络给人们提供一个广阔的虚拟的交往平台，但往往也令使用者在电脑前忘了是在跟其他人打交道，行为也因此容易变得更粗劣和无礼。因此网络礼仪首先要以人为本，"记住人的存在"。

2. 理智相处

不管在论坛还是在聊天室，人们共聚一起，意见总是会有分歧，矛盾总是存在的，争论是正常现象，但争论要心平气和、以理服人，不要人身攻击。

3. 尊重他人

尊重他人是获得他人尊重的开端。因为网络的匿名性质，别人无法从你的外观来判断，因此你的一言一语成为别人对你印象的唯一判断。

所以现实生活中面不该说的话在网上也不要说；注意用词和语法、不要挑衅和使用脏话；另外，网上交往热情应有度，否则也会让人反感。

网上冲浪要注意隐私保护，你的电子邮件或私聊内容应该是隐私的一部分；如果你认识某个人用笔名上网，未经个人同意将他的真名公开是一个不友好的行为。

不尊重他人的隐私，不仅会破坏网络的行为规范，也很有可能让你丢掉工作甚至触犯法律。

4. 自我保护

网络世界里充满太多的未知因素。它为想象和创造提供广阔空间的同时，也给各种邪恶留下了可乘之机。因此，在网络生活中应当时刻保持警惕，保护好自己的人身、财产和隐私安全。

5. 独善其身

网络上的色情、暴力、反动等不良内容，往往利用网民的猎奇心理来吸引注意。网民在面对此类内容时，应该保持冷静和理智，自觉抵制网络上的不良内容，以免害人害己。

网络是把双刃剑，一方面是人们获得知识、学习交友的工具；另一方面，各类网络小说、网游、网络电影常以引人入胜的情节和感官刺激博得点击率。其中一些不健康的网络资源无形中成为网民自制力的试金石。对此"网上冲浪"要有坚强的意志力，不沉迷网络才是健康的生活方式。

在网络上经常会有一些虚假的消息广泛传播，甚至有非法的内容大行其道。因此要保持清醒的头脑，增强辨识能力，不要轻信他人所言，更不要人云亦云、以讹传讹。

6. 与他人分享你的专业知识

网络的力量在于其参与者数量众多。网络是学习和交流经验的场所，如果你能够与他人分享你对某个问题的理解，那是一种礼貌的做法，也是网络的乐趣。向他人询问问题时，要态度诚恳，每次尽量只询问一个问题。

二、电子邮件礼仪

电子邮件（electronic mail，简称 E-mail，标志：@，也被大家亲昵地称为"伊妹儿"）又称电子信箱、电子邮政，它是一种用电子手段提供信息交换的通信方式。

（一）主题

主题是接收者了解邮件的第一信息，因此要提纲挈领，使用有意义的主题，这样可以让收件人迅速了解邮件内容并判断其重要性。

1. 一定不要空白标题，这是最失礼的。

2. 标题要简短，不宜冗长。

3. 标题要能真正反映文章的内容和重要性，切忌使用含义不清的标题，如"王先生收"。

4. 一封信尽可能只针对一个主题，不在一封信内谈及多件事情，以便于日后整理。

5. 回复对方邮件时，可以根据回复内容的需要更改标题，不要重复一大串。

6. 避免带有情绪的邮件。如解雇或者训斥别人，或者终止合同，这些情况最好当面解决。千万不要在情绪激动的时候发送邮件，待冷静下来后，邮件发出前再读一遍，避免出现让自己后悔的内容。

（二）称呼与问候

1. 恰当地称呼收件者

邮件的开头要恰当地称呼收件人，这样既显得礼貌，也明确提醒某收件人，此邮件是面向他的，要求其给出必要的回应；在多个收件人的情况下可以称呼大家。如果对方有职务，应按职务尊称对方，如"×经理"；如果不清楚职务，则应按通常的"×先生"、"×女士"称呼，但要确定性别。对级别高于自己的或不熟悉的人不宜直接称呼其名。

2. E-mail 开头结尾最好要有问候语

最简单的开头写一个"你好";结尾常见的有"祝好""秋安""夏祺"等。

（三）正文

1. E-mail 正文要简明扼要，行文通顺

正文应简明扼要地说清楚事情；如果具体内容确实很多，正文应只做摘要介绍，然后单独写个文件作为附件进行详细描述。

正文行文应通顺，多用简单词组和短句，准确清晰地表达，不要出现晦涩难懂的语句。

2. 注意 E-mail 的论述语气

根据收件人与自己的熟悉程度、等级关系，邮件是对内还是对外性质的不同，选择恰当的语气进行论述，以免引起对方不适。尊重对方，经常使用"请""谢谢"等敬语。

3. E-mail 正文最好多用列表，以清晰明确地表达主题

如果事情复杂，最好1、2、3、4列几个段落进行清晰明确的说明。要保证你的每个段落简短不冗长，因为没人有时间仔细看你没分段的长篇大论。

4. 一次邮件交代完整信息

最好在一次邮件中把相关信息全部说清楚，说准确。不要过两分钟之后再发一封"补充"或者"更正"之类的邮件。

5. 尽可能避免拼写错误和错别字，注意使用拼写检查

在邮件发送之前，务必仔细阅读一遍，检查行文是否通顺，拼写是否有错误。

6. 合理利用图片、表格等形式来辅助阐述

对于很多带有技术介绍或讨论性质的邮件，单纯以文字形式很难描述清楚，可以配合图表加以阐述。但商务信函应尽量避免花哨的表情符号，以免失礼。

（四）附件

（1）如果邮件带有附件，应在正文里面提示收件人查看附件；正文应对附件内容作简要说明，包括附件的打开方式等。

（2）附件应按内容以适当的意义命名，附件数目较多时应打包压

缩成一个文件。

（五）结尾签名

每封邮件在结尾都应签名，这样对方可以清楚地知道发件人的信息。虽然发件人信息可能从邮件正文或邮箱地址中认出，但不要为对方设计这样的工作。

1. 签名信息不宜过多

电子邮件消息末尾加上签名档是必要的。签名档可包括姓名、职务、公司、电话、传真、地址等信息，但信息不宜行数过多，一般不超过4行。你只需将一些必要信息放在上面，对方如果需要更详细的信息，自然会与你联系。

2. 不要只用一个签名档

对内、对私、对熟悉的客户等群体的邮件往来，签名档应该进行简化。过于正式的签名档会显得疏远。可以设置多个签名档，灵活调用。

3. 签名档文字

签名档文字应选择与正文文字匹配的简体、繁体中文或英文，以免出现乱码。

（六）回复技巧

1. 及时回复 E-mail

收到他人的重要电子邮件后，即刻回复对方是必要的，这是对他人的尊重。理想的回复时间是2小时内，特别是对一些紧急重要的邮件。如果你正在出差或休假，应该设定自动回复功能，提示发件人，以免影响工作。

2. 进行针对性回复

当回件答复问题的时候，最好把相关的问题抄到回件中，然后附上答案。让对方一次性理解，避免再反复交流，浪费资源。

3. 回复不得少于10个字

对方给你发来一大段邮件，你只回复"是的""对""谢谢""已知道"等字眼，是非常不礼貌的。

4. 要区分 Reply 和 Reply! All（区分单独回复和回复全体）

如果只需要单独一个人知道的事，单独回复给他一个人就行了。

5. 不要就同一问题多次回复讨论

如果收发双方就同一问题的交流回复超过 3 次，这只能说明交流不畅，说不清楚。此时应采用电话沟通等其他方式进行交流后再作判断。电子邮件有时并不是最好的交流方式。

案例与讨论

Rose 刚进一家专业人员协会工作，因为没有会员主管，她就直接给协会主席发了一封邮件，询问如何能联络她最近认识的某一个会员。三天过去了，她还没有收到主席的回复。考虑到第一封邮件可能在网络传递中出现问题，她又重复给主席发了上次写的邮件。协会主席终于回复她的邮件，不过邮件内容只有那个协会会员的电子邮件地址，而 Rose 本来期待的是更诚恳、更丰富一些的邮件。

分析上述案例中 Rose 和协会主席在邮件来往过程中是否失礼，您认为如何更加妥当？

习礼与训练

通过本任务的学习，您一定对邮件的撰写及邮件交往过程中的礼仪有所了解：

1. 请您帮助单元引擎中的小林写一封邮件：

收件人：HD 公司采购经理马克；

内容：《新产品发布会会议通知》

2. 列出撰写和发送该邮件的基本格式和规范。

任务测试

在你认同的观点后面打"√"；在否定的观点后面打"×"。

1. E-mail 的开头和结尾最好有问候语。（　　）

2. 通过邮件能看出一个人的处世态度。（　　）

3. 小心使用附件、抄送功能。（　　）

4. 写电子邮件时不用表情符号。（　　）

5. 发出商务邮件时要确认。（　　）

三、网上"冲浪"工具

1. 即时聊天工具（QQ）的使用

（1）公私分明

QQ是一款即时聊天工具，当您QQ在线时，和你联络的组群都会看见你上线，这时别人和你打招呼，应该回应一下，否则对别人的问候毫无反应，都是失礼的。

在工作时间，或和工作伙伴"谈话"的时候，不适宜和朋友聊天。较好的办法是把自己的状态设置成"忙碌""隐身"或者"正在工作"。在线上却又不能跟别人聊天时，应该给予对方一个礼貌的解释。

（2）在工作中使用即时聊天工具时，最好使用真实姓名或固定网名，让谈话对象知道是你，而不用去猜测，否则会让你的工作伙伴摸不着头脑，因无法确定你的真实身份而耽误了联络。

（3）在文字发送之前最好检查一下，看看语法、用词是否正确，以免引起对方的误解。不要输完字看也不看就发送过去，发完之后又要发解释、更正，把自己弄得手忙脚乱，职业形象也大受影响。

（4）在正式会谈中，应该少用表情符号、网络谐音词，这会有损会谈的严肃性。

2. "博客"与"播客"

博客与播客都是网民私人的空间，通常可以根据自己的意愿选择是否将它们向其他网民开放。使用博客、播客时，要注意遵循相关的礼仪，不应传播色情、暴力或反动的内容。

3. "微博"

微博，即微博客的简称，是一个基于用户关系的信息分享、传播以及获取平台，用户可以通过WEB\WAP以及各种户端组建个人社区，以140字左右的文字更新信息，并实现即时分享。

如今，从个人的生活琐事至体育运动盛世，乃至全球性的灾难事件，微博已成为全世界网民表达意愿、分享心情的渠道。但微博是一个信息公开平台，不像QQ、微信等是私密的社交工具。

案例与讨论

公司人力资源部门新来的林岚刚大学毕业，她时尚、新潮、阳光、活泼开朗，工作也很投入。然而，使年近半百的部门主任刘先生感到苦恼的是，每次他和林岚在QQ上交流工作时，对方总是使用一些新潮的网络谐音词，如"童鞋"（同学）、"油菜花"（有才华）、"筒子"（同志）、"灰常"（非常）、"果酱"（过奖）等。有时候遇到一个网络谐音词，刘先生不得不先停下来琢磨该词的意思。最后，在一次非正式场合中，他跟林岚说起这个问题，后者听了也感到十分尴尬。

讨论：应如何看待"网络用语"？

习礼与训练

结合生活工作实际，完成3000字的网上冲浪"非礼"现象的调查报告。

任务测试

1. "博客"和"播客"的区别？

2. QQ 是一款_____工具。

3. 您的朋友用笔名上网，您可以未经他同意就将他的真名公开吗？

4. 网络语言"油菜花""童鞋"是什么意思？

5. :-@ 在网络语中表示什么意思，列出 10 个您了解的网络语言？

本篇综合训练

撰写一篇网络行为调查报告，说明网络文明建设的必要性。

本篇综合评估

（一）综合评估情境描述

下面给出一些有关网络礼仪的观点，哪些符合你的看法？

1. 网络是虚拟的，可以我行我素，不用理会他人感受。（　）

2. 不管在论坛还是在聊天室，争论是正常现象，但是争论要心平气和，要以理服人，不要进行人身攻击。（　）

3. 合理提示重要信息，不要乱用大写，粗体斜体、颜色字体、加大字号等手段。合理的提示是必要的，但过多的提示则会让人抓不住重点，影响阅读。（　）

4. 不要在微博等公共信息平台上泄露别人的隐私。（　）

5. 网上待人也需要宽容。（　）

6. 网上网下行为一致，给自己在网友中留个好印象。（　）

7. 争论要心平气和以理服人，否则会认为你不成熟。（　）

8. 强化自卫措施，对病毒坚决说不，对连环信说不。（　）

（二）综合评估的标准和结果分析

1. 以上说法您认同哪一项表述，不认同哪一项表述，并请说明原因。

2. 通过对本测试的回答与讨论，你是否更好地理解了网络礼仪。

第七篇　餐饮礼仪

　　中华饮食，源远流长。在这自古为礼仪之邦、讲究民以食为天的国度里，饮食礼仪自然成为饮食文化的一个重要组成部分。"在宴席上最让人开胃的就是主人的礼节。"了解中、西餐与自助餐的相关礼仪知识与操作规范，培养自身良好的礼仪素养可以使您在各种形式的宴会上表现得庄重大方、彬彬有礼。

　　本篇教学内容包含：中餐礼仪、西餐礼仪、自助餐礼仪。

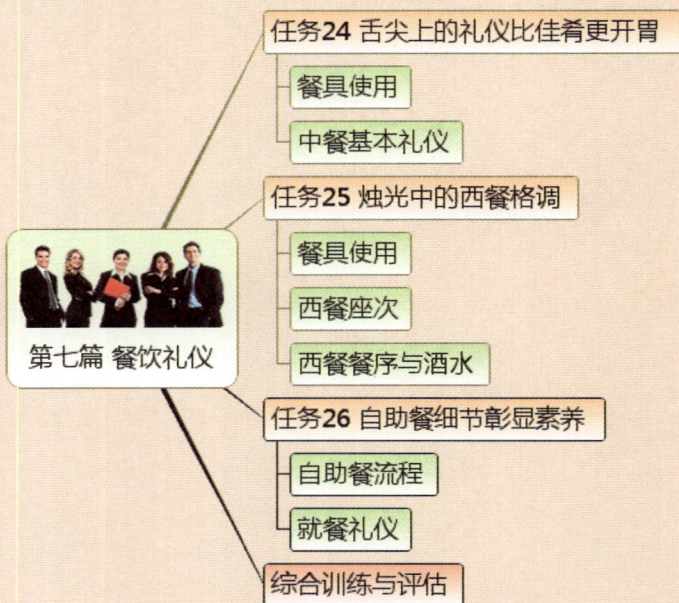

任务24 舌尖上的礼仪比佳肴更开胃
├─ 餐具使用
└─ 中餐基本礼仪

任务25 烛光中的西餐格调
├─ 餐具使用
├─ 西餐座次
└─ 西餐餐序与酒水

第七篇 餐饮礼仪

任务26 自助餐细节彰显素养
├─ 自助餐流程
└─ 就餐礼仪

综合训练与评估

【 学习目标 】

通过本篇的学习，学员能够：

1. 了解宴请种类及形式，西餐配餐酒水选择；

2. 掌握中西餐礼仪及实际操作方法；

3. 掌握自助餐用餐基本礼仪规范。

■ 任务 24　舌尖上的礼仪比佳肴更开胃

任务引擎

乔治是软件工程研究生，毕业后任 ZC 科研所的开发部部长，刚上任就应邀出席一个行业协会在当地中餐馆举办的宴会。

您能为其设计一份出席中餐宴会的礼仪清单吗？

本任务主要知识点有中餐餐具的使用和座次排序及餐单安排等。通过本任务的学习，学员应掌握中餐的礼仪规范；能够正确使用筷、碗盘、餐巾等用具，熟悉常见的座位尊卑排序等，以免在餐座上失礼失仪。

知书达"礼"

中华饮食，源远流长。在这自古为礼仪之邦，讲究"民以食为天"的国度里，饮食礼仪自然成为饮食文化的一个重要部分。中国的饮宴礼仪号称始于周公，经千百年的演进，形成大家普遍接受的一套饮食进餐礼仪，是古代饮食礼制的继承和发展。

随着中西饮食文化的不断交流，中餐不仅是中国人的传统饮食习惯，还越来越受到外国人的青睐。而这种看似最平常不过的中式餐饮，用餐时的礼仪却是有一番讲究的。

一、餐具的使用

餐具	使用
	筷子：是中餐最主要的餐具。使用筷子，通常必须成双使用，不"品尝"筷子；不"跨放"筷子；不"插放"筷子；不"舞动"筷子；不"滥用"筷子。
	匙：中餐里勺的主要作用是舀取菜肴和食物。有时，也可运用勺子来辅助筷子取食。在用勺子取食物时，不要舀取过满，以免溢出。舀取食物后，可在原处暂停片刻，等汤汁不会往下流再移过来享用。
	碗：在中餐里，主要用于盛放主食、羹汤类食物。进餐时注意不要双手端碗进食、不宜直接以嘴吸食、不用时也不要把碗倒扣过来放在餐桌上。
	盘、碟：盘子使用的讲究与碗略同。盘子在餐桌上一般应保持原位。食碟不要一次取放过多菜肴、不宜将多种菜肴堆放一起；骨、刺等不要吐在地上、桌上，而应将其放在食碟前端，必要时由侍者更新。
	毛巾：比较讲究的中餐用餐前，餐厅服务员会为用餐者送上一块湿毛巾用来擦手；擦手后放回盘子里由服务员拿走。宴会结束前会再送上一块湿毛巾，和前者不同，它只能用来擦嘴。
	水杯：主要用来盛放清水、汽水、果汁、可乐等软饮料时使用。不要用它来盛酒；不要倒扣水杯。
	牙签：不要当众剔牙。非剔不行时，用另一只手掩住口部，不要随口乱吐。剔牙后，不要叼着牙签，更不要用来扎取食物。

二、中餐基本礼仪

（一）宴请种类及形式

宴请由于目的不同、出席的成员不同、投入的成本不同，产生了许多不同的形式，可以是隆重的大型国宴，也可以是 AA 制的朋友聚会。一般可分为宴会、招待会、招待会、茶会、工作餐等。

（二）餐饮礼仪的基本原则：

1. 五 M 原则

五 "M" 是 5 个以 M 为字头的单词，包括菜单（Menu）、约会（Meeting）、举止（Manner）、环境（Mode）和费用（Mongy）。五 M 原则指在安排宴请或者自己参加餐饮活动时，必须优先对菜单（宴请菜品）、约会（约会的具体时间和对象）、举止、环境、费用等五个方面的问题加以高度重视，并力求使自己在这些方面的所作所为符合律己、敬人的行为规范。

2. 餐饮适量原则

在餐饮活动中，不论活动的规模、参与人数、用餐的档次还是宴请的具体数量，都要量力而行。务求要从实际的需要和实际能力出发，进行力所能及的安排。切忌虚荣、炫耀、攀比，铺张浪费，暴殄天物。从根本上讲，宴请适量原则所提倡的是厉行节约、反腐倡廉的风气，是做人务实、不图虚荣的境界。

3. 照顾他人的原则

不论是以主人的是身份款待客人，还是陪同他人一道赴宴，都应在两厢情愿的前提下，悉心照料在场的其他人士。

"学会照顾他人"应当是一条极为重要的礼仪规则。同时，也是一个人修养、层次和品位的体现。

4. 客不责主的原则

身为客人时，对主人为之安排的餐饮只宜接受，不宜随意评论、非议，尤其是不允许寻衅滋事，借题发挥。

5. 突出特色的原则

负责为他人安排餐饮时，在条件允许的前提下，应努力突出国家特色、地方特色、民族特色，使对方通过享用饮食来"品尝"文化。

（三）桌次排序

在中餐宴请活动中，一般采用圆桌布置菜肴、酒水。排列圆桌的尊卑次序，有两种情况。

1. 小型宴请

小型宴请一般由两桌组成，可以分为两桌横排和两桌竖排的形式。当两桌横排时，桌次是以右为尊，以左为卑。右左是由面对正门的位置来确定的。当两桌竖排时，桌次讲究以远为上，以近为下。远近是以距离正门的远近而言。

2. 大型宴请

由三桌或三桌以上的桌数所组成的宴请。在安排多桌宴请的桌次时，除了要注意"面门定位"、"以右为尊"、"以远为上"等规则外，还应兼顾其他各桌距离主桌的远近。通常，距离主桌越近，桌次越高；距离主桌越远，桌次越低。

在安排桌次时，所用餐桌的大小、形状要基本一致。除主桌可以略大外，其他餐桌都不要过大或过小。

为了确保在宴请时赴宴者及时、准确地找到自己所在的桌次，可以在请柬上注明对方所在的桌次、在宴会厅入口悬挂宴会桌次排列示意图、安排引位员引导来宾按桌就坐，或者在每张餐桌上摆放桌次牌（用阿拉伯数字书写）。

（四）席次排序

中国人一贯重视"座次"。《礼记》中讲"天地位焉"，意即天地万物各有其位，马虎不得。人与人之间上下前后左右的不同位置，反映了不同的身份、地位、级别，关系到某一社会、某个团体对一个人价值的肯定与否，是其个人价值的体现，也是社会对其个人地位的尊重。

中餐宴会席次的确定主要有六种方法可循：

面门为上：

依照礼仪惯例，以正对门的，离门最远的为首位，离门最近的背靠门的为末位，即所谓"面门为上"。

以近为上：

在同一桌上，席位高低以离首位远近而定。

以右为上：

当两人并排就座，或在同一桌上距离首位相等的位次，排列次序以右为首，以左为卑。

居中为上：

三人一同就座用餐时，居于中座者在位次上要高于在其两侧就座之人。

观景为上：

在一些高档餐厅用餐时，在餐室内外往往有优美的景致或高雅的演出，可供用餐者观赏，此时应以观赏角度最佳之处为上座。

1. 单主人宴请时的位次排序

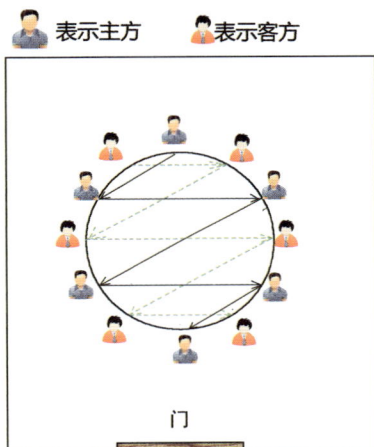

2. 男女主人共同宴请时的座次排序

男女主人共同宴请时的排序方法是一种主副相对、以右为贵的排列。男主人坐上席，女主人位于男主人的对面。宾客通常随男女主人，按右高左低顺序依次对角飞线排列，同时要做到主客相间。国际惯例是男主宾安排在女主人右侧，女主宾安排在男主人右侧。

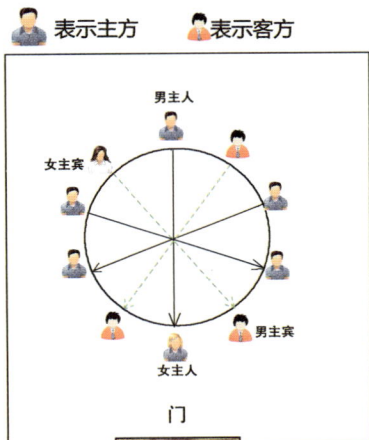

3. 同性别双主人宴请时的座次排序：

第一、第二主人均为同性别人士或正式场合下宴请时用的方法，是一种主副相对、按"以右为贵"的原则依次按顺时针排列，同时要做到主客相间。

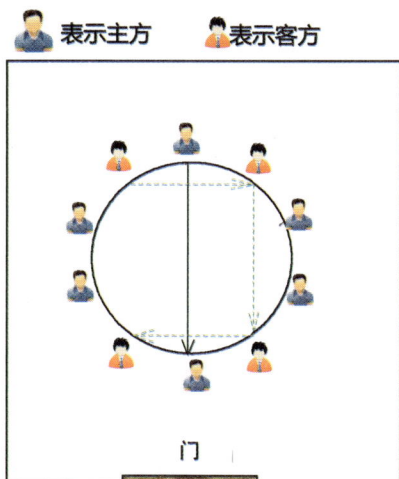

（五）赴宴就餐礼仪

1. 进餐前礼仪

（1）适度修饰：要保持整洁、优雅、个性化。

（2）准点到场：按时出席宴请是最基本的礼貌。正点或提前 2~5 分钟抵达。过早到达打扰主人做准备工作，也是不礼貌的。

（3）各就各位：按指定桌次、位次就座；应邀出席宴请活动，应听从主人安排。若是宴会，进入宴会厅前，先了解自己的桌次和座位。入座时注意桌上座位卡是否写有自己的名字，不可随意入座。如邻座是年长者或女士，应主动协助他们先坐下。入座后坐姿要端正、自然，不要用手托腮或将双臂肘放在桌上，或将手放在邻座椅背上。坐时应把双脚踏在本人座位下，不要任意伸直或两腿不停抖动，影响他人。

（4）积极交际：问候主人、联络老朋友、结识新朋友。

（5）倾听致词：洗耳恭听、不喧哗。

2. 进餐时礼仪

（1）保持良好仪态

进餐时不坏吃相，忌狼吞虎咽，吃东西时应闭着嘴细嚼慢咽，尽量不发出声音；忌嘴里有食物时说话；忌主动为他人布菜；女士忌在餐桌旁补妆。吃剩的菜、用过的餐具、牙签及骨刺等都要放入骨盘内，忌随意乱扔。

（2）席间交谈：参加宴会少不了与同桌人交谈，特别是左右邻座。互不认识的可先作自我介绍。与近旁的人谈话，声音不要太高，话题选择要适当，不要打听别人的谈话内容。不谈不合时宜的话题，一般餐座上不谈政治、宗教、年龄、收入等敏感问题。

（3）敬酒礼仪

敬酒需了解宴会的性质，以便使敬酒辞不失高雅而具有针对性。碰杯时主人和主宾先碰，人多时可同时举杯示意；敬酒时不可交叉碰杯；碰杯时要注视对方，以示敬重友好。

宴会上相互敬酒，显示热烈的气氛，但切忌饮酒过量。一般应控制在本人酒量的三分之一以内，不可饮酒过量失言失态。不能喝酒时礼貌地声明，但不可把杯子倒置，应轻轻按着杯缘。

去其他桌敬酒，应只端一个酒杯，敬酒时站在被敬人的右侧。不要太长时间打扰他人进餐。用餐时敬酒不劝酒，不可无节制地酗酒。

6. 告辞与致谢

正式宴会上，一般吃水果后宴会即结束。国宴时长一小时四十分钟，其他宴请也可参照此时间，工作餐时间不宜过长。

宴会结束时一般先由主人向主宾示意，然后从座位上站起，这是请全体起立的信号。家宴一般以女主人的行动为准，女主人先邀请女主宾离席退出宴会厅，大家跟随离席。告辞时，应礼貌地同主人握手道谢，再与其他人告别。

温馨提示：
席间一般不提前退席。若确实有事需提前退席，要有礼貌地向主人打招呼后轻轻离去；也可事前打招呼到时离去。有事退席的理由应尽量不使主人难堪和心中不悦。

案例与讨论

总经理助理玫瑰受邀参加王经理在家中的小型生日宴。席间客人们频频举杯，兴致盎然。突然，玫瑰从桌边站了起来，嗲声惊呼"啊，小虫子……菜没洗干净！"一旁的王夫人大惊失色，客人们也尴尬之极，幸好同事马林用幽默的笑话转移大家的注意力，气氛才舒缓起来。事后玫瑰也一直后悔……

如果是您在餐桌上遇到这种情况，您认为怎样处理更妥当？

习礼与训练

通过本任务的学习，请您完成本任务开头的一幕，为乔治设计一份出席宴会的注意事项清单（在下列表中各列出 3 条）。

赴宴前	1. 2. 3.
赴宴中	1. 2. 3.
赴宴后	1. 2. 3.
其他	1. 2. 3.

任务测试

1. 日常进餐礼仪中，规范的行为是（　　）。

A. 宾主相聚，客人先动筷　　　　B. 就近拈菜

C. 多食自己喜欢的菜　　　　　　D. 骨刺吐于骨碟或地上

2. 中式餐饮的特点主要从（　　）方面体现。

A. 饮食结构　　　　　　　　　　B. 进餐方式

C. 烹调特色　　　　　　　　　　D. 饮食习惯

3. 宴请的菜谱安排应考虑（　　）因素。

A. 主宾的口味与喜好　　　　　　B. 饮食禁忌

C. 经费的预算　　　　　　　　　D. 职位的高低与年龄

4. 餐宴时交谈的合适话题（　　）。

A. 大家感兴趣的　　　　　　　　B. 轻松愉快

C. 政治方面　　　　　　　　　　D. 宗教方面

5. 不要在酒宴上评论或附和别人对某人的议论，但可评论菜肴的优劣。

A. 正确　　　　　　　　　　　　B. 错误

■任务 25　烛光中的西餐格调

任务引擎

　　SC 公司总经理华先生去广州会见公司合作伙伴，对方热情相约当晚在高档西餐厅设宴招待，华先生平时虽然商务应酬较多，但并未去过这么正式的西餐厅，您能为华先生列出出席这次西餐晚宴的礼仪清单吗？

　　本任务主要知识点包含西餐餐具使用、上菜次序及配餐酒水、座次排序等；通过本单元学习，学习者能够正确使用餐具，掌握基本西餐礼仪规则，以免在正式的西餐宴请中失礼失仪。

知书达"礼"

　　西餐是对西式饭菜的一种约定俗成的统称。在国人眼里，西餐与中餐除了在口味上有所区别外，还有两个鲜明的特点：一是有情调和气氛，二是以刀叉取食。

　　根据社交礼仪的规范，要吃好西餐，并且不失风度，就必须对西餐的座次、菜序、餐具、西餐的品尝等各个方面有一定程度的了解。

一、餐具的使用

　　西方人习惯使用的餐具——刀叉是很有讲究，不同餐具有不同的用途。当我们吃西餐时，就应该了解和遵循西方人的礼仪规范。

（一）西餐餐具的摆法

　　西餐餐具主要有刀、叉、匙、盘等。

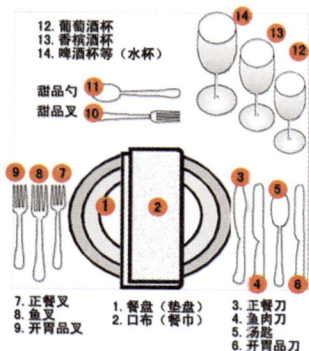

刀分食用刀、鱼刀、奶油刀、水果刀等；叉分食用叉、鱼叉、肉叉、龙虾叉；匙有汤匙、甜食匙、茶匙等；

盘则有大小不同的菜盘、汤盘、垫底盘、面包盘等。

酒杯则分为葡萄酒杯、香槟酒杯、烈性酒杯、啤酒杯等。西餐餐具一般在开餐前都已在餐桌上摆好。

正式宴会的摆法一般是：

座位前正面放垫底盘，左叉、右刀、匙。左右侧最外边的刀叉是餐前食用刀叉，中间的刀叉是吃鱼用的刀叉，靠里边的刀叉是吃肉菜用的刀叉。它们都纵向放置在就餐者垫底盘的两例，分别离桌缘1～2厘米。这些刀叉的摆放顺序，从外向里取用，正与上菜的顺序一致。吃甜品用的刀叉，一般在最后使用，被横向摆放在垫底盘的正上方。垫底盘上方放甜食匙，再往前略靠右放酒杯，右起依次为葡萄酒杯、香槟酒杯、啤酒杯（水杯）。餐巾叠成花样插在水杯内。面包盘置于叉子左侧约1～2厘米处，离桌缘3～4厘米。此外，在座位左上方有一玻璃碗或金属水盂，盛有清水，有时还撒有花瓣，是供洗手用的，洗手时把手指轻涮一下即可。一般饭店吃西餐只备两把叉、一把刀、一把匙。

（二）西餐餐具的用法

吃西餐使用的餐具有刀、叉、匙、盘、杯等。一般讲究吃不同的菜要用不同的刀叉，饮不同的酒也要用不同的酒杯，因此不要不懂装懂，跟着主人去做不会有错。

餐具	使用
	刀叉，是餐刀餐叉的统称。可配合、单独作用。更多情况是配合使用。学习刀叉的使用，主要掌握刀叉的区别及使用、摆放的暗示等。左叉右刀，刀口向内叉齿向下，呈"人"字形摆放在餐盘上，含义是此菜尚未用毕。刀口向内叉齿向上，左叉右刀并排纵放、刀上叉下并排横放在餐盘上，含义是侍者可收掉。
	匙：匙是用于取汤的。取汤时，用左手轻扶盘边，右手握匙，匙由内向外舀。喝汤不要出声，用完后把汤匙搁在盘上，匙柄朝右，匙心朝上。
	餐巾：主要用于防止食物玷污衣服和擦拭嘴和手指的油渍。暂时离席时，许多人会把餐巾叠好放在椅子上，这种处理方式并没有错，因为餐巾摆放在桌上容易被误会已经离席。其实，最理想的方式是用盘子或刀子压住餐巾的一角，让它从桌沿垂下，当然脏的那一面朝内侧才雅观。

二、西餐座次安排

西餐席位的排列次序事关是否符合礼仪，不可马虎了事。

1. 排位的原则

在绝大多数情况下，排位时要考虑下面的原则。

（1）女士优先

一般女主人为第一主人，在主位就位，而男主人为第二主人，坐在第二主人的位置上。

（2）距离定位

距主位近的位置要高于距主位远的位置。

（3）以右为尊

男主宾要排在女主人的左侧，女主宾要排在男主人右侧，按此原则，依次排列。

（4）面门为上

面对餐厅正门的位子要高于背对餐厅正门的位子。

（5）交叉排列

即男女应当交叉排列，熟人与生人也应当交叉排列，一个就餐者的对面和两侧往往是异性或不熟悉的人，这样可以扩大交友面。

2. 席位的具体排列

（1）长桌的排列

一般有如下几种情况：

一是男女主人在长桌的中央相对而坐，餐桌的两端可以坐人，也可以不坐人；

二是男女主人分别坐在长桌的两端；

三是用餐人数较多时，可以把长桌并成其他形状用餐。

（2）方桌的排列

方桌排列位次时，与男女主宾相对而坐，就座于餐桌四面的人数应相等，并使所有人各自与自己的配偶或恋人坐成斜对角。

三、西餐餐序及酒水

（一）西餐的餐序

餐序就是点菜、吃菜的具体顺序。西餐大体上分为正餐和便餐两种类别。

西餐正餐的上菜顺序既复杂多样，又非常讲究。一般由"一主六配"构成，按上菜的顺序，吃什么菜用什么餐具，喝什么酒用什么酒杯。内容完整的正餐，一般要吃上一两个小时。一般来讲，正餐有以下几种菜品：

菜品	描述
	一是头盘。 开胃菜，一般有冷头盘和热头盘之分。以色拉菜为主（有蔬菜色拉、海鲜色拉，还有什锦色拉等等），有时候还有鹅肝酱、冻子、泥子等。头盘的基本特点是比较爽口，清淡，意在助你打开自己的胃口。在西餐正餐里，它属于开始曲或前奏。
	二是汤。 大致可分为清汤、奶油汤、蔬菜汤和冷汤等四类。清汤用料考究，营养价值高。
	三是菜。 它又分为主菜和副菜。 副菜一般是海鲜类的东西，一般叫白肉。白肉就是鱼肉和鸡肉，因为鱼肉和鸡肉做熟了之后是白色的。 副菜吃完了，就会上主菜。主菜一般是红肉，即牛肉、羊肉、猪肉，它们做熟了之后是红色的。红肉味浓比较厚重，耐饥饿；而白肉则清淡。也可不吃副菜直接上主菜。
	四是蔬菜类菜肴。 蔬菜类菜肴在西餐中称为沙拉，可安排在肉类菜肴之后，也可与肉类菜肴同时上桌。与主菜同时搭配的沙拉，称为生蔬菜沙拉，一般用生菜、番茄、黄瓜等制作；沙拉还有一类是用鱼、肉、蛋类制作的，这类沙拉一般不加味汁，在进餐顺序上可以作为头盘食用。熟食的蔬菜通常是与主菜的肉食类菜肴一同摆放在餐盘中上桌，称之为配菜。
	五是甜品。 它包括冰棋淋、水果、干果、坚果、鲜果、布丁、炸薯条、三明治、曲奇饼、烤饼等等。
	六是热饮。 最正规的热饮是红茶或什么都不加的黑咖啡。喝完咖啡和茶，宴会就该结束了，客人可以开始告辞。 西餐的便餐一般是指工作餐，或者自己去餐馆里点餐。就餐序而言，便餐比较简单。便餐一般是头盘、色拉类、汤各要一份，再加上一道主菜，一个甜品。有的时候，甜品也可以不要。

西餐中牛排生熟有四种：

带血牛肉：表面稍有一点焦黄色泽，中间完全是鲜红的生肉状态；

三成熟，汁水较多；

五成熟，肉中心为粉红色；

七成熟，表面焦黄，中心已熟个七八分。

（熟透的牛排：为咖啡色乃至焦黄程度，在法国，几乎没人会点这种牛排，据说某名厨甚至会把点全熟牛排的客人请出他的餐厅。）

（二）配餐酒水

在西餐宴请中，酒的搭配是比较规范的，每一道菜会配不同的酒，所以，对酒要有适当的了解，才不至于失礼。

1. 餐前酒

又称开胃酒，通常在宴会前半个小时左右由主人招待。一般有威士忌（Whisky）、马提尼（Martini）、雪莉（Sherry）、杜松子酒（Gin）、伏特加（Vodka）等系列。国内宴请中，也会用啤酒、果汁、饮料等替代。

2. 餐中酒

按照国内的习俗，任何酒都可以当作席上酒，但在正式的西餐中，席上酒仅限于葡萄酒。

白葡萄酒：具有一定的酸味，可以去腥，一般配鱼类、海鲜、虾等肉质比较细嫩的肉类使用。

白葡萄酒的酒精成分约 10 度 ~14 度，温度应保持在摄氏 4~10 度之间，一般须连瓶事先冰凉后再使用，饮用时，毋须在酒中加冰块。

红葡萄酒：味带苦涩，苦涩可以去油腻，配合肉质纤维较粗的牛肉、羊肉、猪肉、鸭肉等。温度约在 18~21 度之间，其酒精成分与白葡萄酒大致相同。

香槟酒：在最后一道菜或点心、甜点、水果后上桌。

香槟酒启用方法比较特殊，一般会请有经验的服务员开启，服务员在斟酒时，酒瓶应该以餐巾包裹之。

3. 餐后酒

用餐完毕后，在上咖啡或茶时，即可以用餐后酒，用来化解油腻。餐后酒一般有白兰地（Brandy）等。

4. 酒与酒杯

每一种酒需要配置一个不同的酒杯。

酒杯通常摆放在主菜盘的右上方，按使用的顺序从右到左摆放，有时也会从左到右。使用时，主要看服务员往哪个酒杯里倒酒，你就拿哪个酒杯喝酒。另外，西餐里喝酒都是"含蓄"式的，无论是别人敬酒还是自己喝酒，都是喝一小口，甚至放到唇边抿一下也算符合礼仪。

四、西餐就餐基本礼仪

食品	方法
	面包和黄油：把面包掰成小块，抹一块吃一块。 三明治：小三明治和烤面包用手拿着吃；大的吃前先切开，配卤汁吃的热三明治需用刀叉。
	肉类：用刀叉把肉切成小块，刚好一口。有骨头的肉沿骨头插入把肉切开，边切边吃。吃鱼时不要把鱼翻身，吃完上层后用刀叉剔掉鱼骨再吃下层。
	沙拉：若是一大盘端上来就使用沙拉叉。如和主菜放在一起则要使用主菜叉来吃。将大片生菜叶切成小块。一次切一块，吃完再切。
	意大利面：要用叉子卷起面条，每次卷四五根最方便。也可用调羹和叉子一起吃，调羹可帮助叉子控制滑溜的面条。不能直接用嘴吸。
	蛋糕、西饼用叉子；冰淇淋、布丁等甜点用调羹；加工的水果如梨、苹果不能整个去皮则刀叉配合使用。香蕉先剥皮，切成数段食用。

案例与讨论

某公司王总邀请客户李女士吃饭，秘书张仪安排在一家西餐厅并陪同王总和客人赴宴。

在吃西餐时，张仪把餐巾围铺在桌子前，为了对李女士表示欢迎，她一口气干了面前的开胃酒……李女士略显惊讶地说："张小姐好酒量啊！"王总却尴尬地笑了笑。

在吃饭过程中王总与李女士轻声交谈，张仪晃着刀叉不时地插上几句应景的话以使气氛更加和谐。

中途张仪外出接电话时把刀叉和餐巾放在桌上说："不好意思，我出去接个电话……"

分学习小组，划出文中的知识点加以分析点评，哪些是合礼的，哪些是失礼的，并说明原因。

习礼与训练

一、背景描述

KF 公司为迎接加拿大 5 人参观团，在西餐厅设宴招待参观团一行，预计一桌共 10 人，澳方 5 人，中方 5 人。

二、训练要求

1. 按背景描述分组完成西餐礼仪情景设计，并分角色模拟。可将活动过程拍摄照片或微视频，进行组内与组间点评。

2. 画出座次安排示意图。

3. 使用餐具时需要注意什么？

任务测试

1. 西餐正餐一般有哪几道菜？

2. 西餐礼仪中白葡萄酒一般_____肉类使用。

3. 高飞和同事相约去吃西餐，这是他第一次吃西餐，为此他专门查询有关西餐用餐礼仪。他了解到，如果餐盘中的食物没有吃临时离开，应这样摆放刀叉：

A 将刀叉分开，呈八字状

B 将刀叉平行，放同一侧

D 将刀叉合放，置于盘外

4. 西餐餐具主要有_____、_____、_____、_____等。

5. 临时离开餐巾应如何摆放？

■ 任务26　自助餐细节彰显素养

任务引擎

　　秦天在暑期参加了某公司在广州举办的一个培训班。培训班早中晚采用的是自助餐，取多取少自己定。秦天每次取餐食时为了图方便，都是一次把各种食品堆满餐盘……看到服务员不悦的眼神，秦风很难堪，不知如何是好……您是否可以为秦天列一份自助餐的"礼仪菜单"。

　　本任务包含自助餐的安排和自助餐基本礼仪，通过本单元的学习，学员能够掌握自助餐就餐当中的基本礼仪规则，以免在该场合因失礼而贻笑大方。

知书达"礼"

　　自助餐是国际通行的一种非正式宴会，也是职场工作中用餐的常用形式，顾名思义，参加"自助餐"形式的宴会时，服务员能够提供的服务比较有限，取餐要靠自己亲自动手。自助餐的好处就是服务人员少，不排座次，而且一次可以宴请很多人，就餐者活动自由。

一、自助餐的安排

　　安排自助餐的礼仪，指的是自助餐的主办者在筹办自助餐时的规范性做法。一般而言，它又包括备餐的时间、就餐的地点、食物的准备、客人的招待等四个方面的问题。

（一）就餐的时间

依照惯例，自助餐大都被安排在各种正式的商务活动之后，作为其附属的环节之一，而极少独立出来，单独成为一项活动。因为自助餐多在正式的商务活动之后举行，故而其举行的具体时间受到正式商务活动的限制。不过，它很少被安排在晚间举行，而且每次用餐的时间不宜长于一个小时。

一般来讲，主办单位准备以自助餐招待来宾，最好事先以适当的方式对其进行通报。同时，必须注意一视同仁，即不要安排一部分来宾用自助餐，而安排另外一部分来宾去参加正式的宴请。

（二）就餐的地点

自助餐的就餐地点要既能容纳全部就餐的人，又能为其提供足够的交际空间。

在选择、布置自助餐的就餐地点时，有下列三点要注意：

1. 为用餐者提供一定的活动空间。除了摆放菜肴的区域之外，在自助餐的就餐地点还应划出一块明显的用餐区域。

2. 提供数量足够使用的餐桌与座椅。在就餐地点应当预先摆放好一定数量的桌椅，供就餐者自由使用。在室外就餐时，提供适量的遮阳伞，往往也是必要的。

3. 使就餐者感觉到就餐地点环境宜人。在选定就餐地点时，不仅要注意面积、费用问题，还要兼顾安全、卫生、温湿度等问题。

（三）食物的准备

自助餐上为就餐者所提供的食物，应尽可能地使食物在品种上丰富多彩；为了方便就餐者进行选择，同一类型的食物应集中在一处摆放。

（四）客人的招待

招待好客人是自助餐主办者的责任和义务。要做到这一点，必须特别注意下列环节：

1. 照顾好主宾。主人在自助餐上对主宾所提供的照顾，主要表现在陪同其就餐，与其进行适当的交谈，为其引见其他客人等。但要注意给主宾留下一点供其自由活动的时间，不要始终伴随其左右。

2.充当引见者。应当注意的是，介绍他人相识，必须了解彼此双方是否有此心愿，切勿一厢情愿。

3.安排服务者。根据常规，自助餐上的侍者由健康而敏捷的男性担任。主要职责是：为了不使来宾因频频取食而妨碍了同他人所进行的交谈，而主动向其提供一些辅助性的服务。

二、自助餐就餐礼仪

所谓享用自助餐的礼仪，在此主要是指在以就餐者的身份参加自助餐时，所需要具体遵循的礼仪规范。一般来讲，在自助餐礼仪之中，享用自助餐的礼仪对绝大多数人而言，往往显得更为重要。通常，它主要涉及下述八点。

（一）排队取菜

就餐取菜时，由于用餐者往往成群结队而来的缘故，大家都必须自觉地维护公共秩序，讲究先来后到，排队选用食物。不要插队或拥抢食物。

取菜之前，先要准备好一只食盘。轮到自己取菜时，应以公用的餐具将食物装入自己的食盘之内，然后应迅速离去。切勿在众多的食物面前犹豫再三，让身后之人久等，更不应该在取菜时挑挑拣拣，甚至直接下手或以自己的餐具取菜。

（二）循序取菜

按照常识，参加一般的自助餐时，取菜时标准的先后顺序，依次应当是：冷菜、汤、热菜、点心、甜品和水果。因此在取菜时，最好先在全场转上一圈，了解一下情况，然后再去取菜。

如果不了解这一合理的取菜的先后顺序，而在取菜时完全自行其事，乱装乱吃一通，难免会使本末倒置，咸甜相克，令自己吃得既不畅快又不舒服。

（三）量力而行

在根据本人的口味选取食物时，必须要量力而行。切勿为了吃得过瘾，而将食物狂取一通，结果是自己"眼高手低"，力不从心，从而造成浪费。严格地说，在享用自助餐时，多吃是允许的，而浪费食物则绝对不允许。这一条，有人亦称之为"每次少取"原则。夹菜时，不可从整盘菜当中夹取，应从边缘开始夹，而且动作不能粗鲁，以免破坏菜肴放置的形状。

（四）多次取菜

用餐者在自助餐上选取某一种类的菜肴，允许反复、多次地去取。每次应当只取一小点，待品尝之后，觉得它适合自己的胃口，那么还可以再次去取，直至自己感觉吃好了为止。如果为了省事而一次取用过量，装得太多，则是失礼之举，必定会令其他人瞠目结舌。"多次"是为了量力而行，"少取"也是为了避免造成浪费。所以，二者往往也被合称为"多次少取"原则。

（五）避免外带

所有的自助餐，不分是以之待客的由主人亲自操办的自助餐，还是对外营业的正式餐馆里所经营的自助餐，都有一条不成文的规定，即自助餐只许可就餐者在用餐现场里自行享用，而绝对不许可在用餐完毕之后携带回家。

（六）送回餐具

在一般情况下，自助餐大都要求就餐者在用餐完毕之后、离开用餐现场之前，自行将餐具整理到一起，然后一并将其送回指定的位置。在庭院、花园里享用自助餐时，尤其应当这么做。不允许将餐具随手乱丢，甚至随意毁损餐具。在餐厅里就座用餐，有时可以在离去时将餐具留在餐桌之上，而由侍者负责收拾。虽则如此，亦应在离去前对其稍加整理为好。不要弄得自己的餐桌上杯盘狼藉，不堪入目。自己取用的食物，以吃完为宜，万一有少许食物剩了下来，也不要私下里乱丢、乱倒、乱藏，而应将其放在适当之处。

（七）照顾他人

在自助餐上，要和他人和睦相处，多加照顾。对于自己的同伴，特别需要加以关心，若对方不熟悉自助餐，不妨向其扼要地进行介绍。年轻的男子应为女士服务，替她们端菜。

在用餐的过程中，对于其他不相识的用餐者，应当以礼相待。在排队、取菜、寻位以及行动期间，对于其他用餐者要主动加以谦让，不要目中无人、蛮横无理。

（八）积极交际

在参加自助餐时，要主动寻找机会，积极地进行交际活动。首先，应当找机会与主人攀谈一番；其次，应当与老朋友好好叙一叙；最后，还应当争取多结识几位新朋友。

案例与讨论

时尚美丽的 Lily 和 Rose 刚刚大专毕业，一同参加一家美容公司的周年庆典活动。庆典活动结束后，主办方为全体与会者准备了十分丰盛的自助餐。Lily 十分开心的发现餐台上有她俩平日爱吃的香辣小龙虾，于是立刻招呼 Rose 拿盘过来，各自满满地盛上一盘，又担心待会儿被人取完，于是又去拿空盘再装一盘，餐台装小龙虾的容器里一下去了大半……然而，令她们不好意思的是，当她们说笑着端着盘转身准备离开时，迎来身后人们不悦的注目礼。顿时两位姑娘感到浑身不自在，小龙虾也索然无味。

分组讨论，点评案例中两位美丽的姑娘有哪些行为是失礼的，应该吸取什么教训呢？

习礼与训练

通过本任务的学习，您可以回到本任务开始的一幕，现在您可以为秦天列一张自助餐礼仪清单了吧。

请为秦天列举至少五条自助餐的礼仪。

任务测试

1. 自助餐的主办者在筹办自助餐时一般会考虑就餐的时间_____、_____、_____等四个方面的问题。

2. 自助餐就餐礼仪主要包括哪几个方面？

3. 参加一般的自助餐时，取菜时标准的先后顺序，依次应当是：_____、_____、_____、_____、_____和_____。

4. 自助餐就餐地点选取应考虑哪些因素？

5. 自助餐的优点是什么？您认为什么活动适合采用自助餐？

任务综合训练

一、背景描述

江苏某企业为接待韩方客户举办了一次中餐宴会，参加宴会的有主人、主宾，副主人、副主宾及双方陪同各4人。

二、要求

1. 为主宾双方正确排出位次。

画出座次示意图：

2. 为宴会安排菜单时注意考虑哪些元素？

3. 按学习小组分角色扮演中韩双方代表和宴请中的服务人员，运用所学的中餐宴请中的相关知识完成上述任务。

拍摄照片或微视频片段，组内或组间点评。

4. 总结餐前、餐中及餐后应注意哪些礼节。

任务综合评估

请按照下表逐项检测自己就餐时表现，并提出改进方案。

检验项目	自我评估	改进方案
1. 文明夹菜	尚未做到☐ 基本做到☐ 做得很好☐	
2. 细嚼慢咽	尚未做到☐ 基本做到☐ 做得很好☐	
3. 不挑食	尚未做到☐ 基本做到☐ 做得很好☐	

4. 用餐动作文雅，不坏吃相	尚未做到□ 基本做到□ 做得很好□	
5. 咀嚼时闭嘴不发出声音	尚未做到□ 基本做到□ 做得很好□	
6. 用餐结束后用餐巾擦嘴	尚未做到□ 基本做到□ 做得很好□	
7. 自己有事时，悄悄离席	尚未做到□ 基本做到□ 做得很好□	
8. 吃自助餐时，一次将餐盘装满	从不□ 有时□ 经常□	
9. 和客户吃饭时不断打电话	从不□ 有时□ 经常□	
10. 西餐时用餐巾纸擦餐具	从不□ 有时□ 经常□	

二、1~7 题尚未做到得 1 分，基本做到得 2 分，做得很好得 3 分；8~10 题选择经常得 1 分，选择有时得 2 分，选择从不得 3 分。

10~15 分表明您对餐饮礼仪规则还了解不够；15~25 分表明您对餐饮礼仪规则有基本了解；26~30 分表明您在餐饮礼仪规则的应用方面做得较好。

参考文献

［1］张歌.现代实用礼仪.呼和浩特：内蒙古出版社，2008

［2］蒋璟萍.现代礼仪.北京：清华大学出版社，2009

［3］张晓梅.现代女性礼仪.北京：中国妇女出版社，2007

［4］刘慧.身体语言的魅力.北京：中国三峡出版社，2008

［5］李丽.现代旅游服务礼仪.北京：机械工业出版社，2008

［6］金正昆.大学生礼仪.西安：陕西师范大学出版社，2008

［7］李兴国.田亚丽.教师礼仪.上海：华东师范大学出版社，2006

［8］朱彤.仪表堂堂.北京：中国广播电视台出版社，2008

［9］宿春礼.姚迪雷.你的形象价值百万.北京：国际文化出版社，2007

［10］[美]约翰.莫雷.为成功而打扮.北京：北京师范大学出版社，2007

［11］[日]门川义彦.笑赢天下：笑容培训课堂.北京：化学工业出版社，2008

［12］孙金玲.浅谈礼仪的起源.《科技资讯》，2006（20）

［13］李荣建.社交礼仪.北京：清华大学出版社，2008

［14］薛春潮.公关与礼仪修养.北京：北京理工大学出版社，2009

［15］郝铭鉴，孙为.中国应用礼仪大全.上海：上海文化出版社，1991

［16］李斌.国际礼仪与交际礼节.北京：世界知识出版社，1985

［17］谭敏，唐苓.国际社交礼仪.北京：中信出版社，1990

［18］侯宪举，周俊安.实用中外礼仪.西安：西安交通大学出版社，1989

［19］邢颖，曾宪植．社交与礼仪．北京：民族出版社，1993

［20］黄士平．现代礼仪学．武汉：武汉大学出版社，1995

［21］于明，田晓娜．礼仪全书．北京：国际文化出版公司，1993

［22］李鸿军．交际礼仪学．武汉：华中理工大学出版社，1997

［23］李荣建，宋和平．外国习俗与礼仪．武汉：武汉大学出版社，1997

［24］李荣建，宋和平．谈判艺术品评．武汉：华中理工大学出版，1996

［25］任越．公民礼仪学．徐州：中国矿业大学出版社，1996

［26］胡静．实用礼仪．武汉：武汉大学出版社，2005

［27］金正昆．大学生礼仪．西安：陕西师范大学出版社，2008

［28］李莉．实用礼仪教程．北京：中国人民大学出版社，2006

［29］金正昆．社交礼仪概论．北京：北京大学出版社，2006

［30］金正昆．国际礼仪．北京：北京大学出版社，2006

［31］金正昆．商务礼仪．北京：北京大学出版社，2006

［32］许湘岳等．礼仪训练教程．北京：人民出版社，2011

后 记

　　礼仪是一首古老而年轻的诗，"飘散着舒人而温馨的国风"；礼仪是一曲涓涓的高山流水，吟唱着中华五千年传统文化；礼仪是社会文明的标志，是我们进行社交活动的行为规范。本书为江苏开放大学素质教育通识课程《社交礼仪》而编写，内容包含走进礼仪、个人礼仪、交际礼仪、生活礼仪、职场礼仪、现代通联、餐饮礼仪等七篇教学内容，27 个任务单元。

　　本书从开放教育特点出发，采取任务驱动式体例，以图文并茂的案例作为单元引擎引导教学任务；内容表达以图解、交互、案例化为特色，与教学平台和教学资源包形成立体化教材，突出通识性和实操性的特点。本书可作为开放教育、高职高专院校各专业学生的礼仪课程教材，也可作为大学生和青少年读者知礼、习礼的手册。

　　本书由赵岩、张淑华任主编，吴黎梅、嵇丽丽、孙燕担任副主编，编委会成员李斯、尹二超、朱锦春、黄洁茹、张馨予等参加了本书的编写、资料采集、教学资源制作；宋思雨、夏阳同学参加了本书部分图片拍摄；全书及教学资源由赵岩统稿，张璇主审。

　　本书的编写得到恩师全国著名教育艺术家李燕杰教授的关心、指导并为本书作序；礼仪培训专家杨荘先生就本书的提纲、内容提出了中肯的建议并为本书写下前言。本书在编写过程中以中国人民大学金正昆教授、武汉大学李荣建教授的教材和著作为理论基础，中国矿业大学胡琼先生的商务礼仪讲座也给了作者启迪。在此，谨向恩师、各位专家、学者表示衷心的感谢。

　　本书在编写过程中，参考了大量高校教材、报刊文献，学习了国内学者和同行的研究成果，限于篇幅仅列出了主要参考书目，在此向各位学者、同行和原作者表示衷心感谢。

　　江苏开放大学、徐州开放大学对本书的出版给予了极大的支持，本书的再版和修订得到了南京大学出版社的鼎力支持与帮助，在此一并致谢。

　　由于再版时间紧迫，书中难免存在疏漏之处，恳请各位师生、读者批评指正并提出建议，使其在不断修订中日臻完善。

　　最后，让我们在"学礼"中传承文化，在"习礼"中提升境界，做"知礼""懂礼"中国人。

编者
2014 年 12 月

图书在版编目（CIP）数据

社交礼仪教程与实务 / 赵岩，张淑华主编. —南京：
南京大学出版社，2015.1（2017.10重印）

ISBN 978-7-305-14742-5

Ⅰ. ①社… Ⅱ. ①赵… ②张… Ⅲ. ①心理交往—礼
仪—高等学校—教材 Ⅳ. ①C912.1

中国版本图书馆CIP数据核字（2015）第025378号

出版发行 南京大学出版社
社　　址 南京市汉口路22号　　邮　编 210093
出 版 人 金鑫荣

书　　名 **社交礼仪教程与实务**
主　　编 赵　岩　张淑华
责任编辑 尤　佳　王抗战　　编辑热线 025-83592123

照　排 南京新华丰制版有限公司
印　刷 南京凯德印刷有限公司
开　本 787×1092　1/16　印张13　字数236千
版　次 2015年1月第1版　2017年10月第2次印刷
ISBN 978-7-305-14742-5
定　价 45.00元

网址：http://www.njupco.com
官方微博：http://weibo.com/njupco
官方微信号：njupress
销售咨询热线：（025）83594756